PETER NEUMANN

Sternstunden

*Jena 1800
und der Aufbruch
in die Moderne*

Pantheon

Die deutsche Originalausgabe erschien 2018 unter dem Titel »Jena 1800. Die Republik der freien Geister« im Siedler Verlag, München.

Sollte diese Publikation Links auf Webseiten Dritter enthalten, so übernehmen wir für deren Inhalte keine Haftung, da wir uns diese nicht zu eigen machen, sondern lediglich auf deren Stand zum Zeitpunkt der Erstveröffentlichung verweisen.

Verlagsgruppe Random House FSC® N001967

Erste Auflage 2019

© 2018 für die deutsche Originalausgabe by Siedler Verlag, München,
Copyright © dieser Ausgabe 2019 by Pantheon Verlag
in der Verlagsgruppe Random House GmbH,
Neumarkter Straße 28, 81673 München
Umschlaggestaltung: Büro Jorge Schmidt, München
Umschlagmotiv: Joseph Roux, Ansicht der Stadt Jena vom
Rasenmühlberg (Ausschnitt), ca. 1810, Radierung,
Goethe National Museum, Weimar/Bridgeman Images
Satz: KompetenzCenter, Mönchengladbach
Druck und Bindung: CPI books GmbH, Leck
Printed in Germany
ISBN 978-3-570-55419-7

www.pantheon-verlag.de

Inhalt

Der Morgen danach 9

**Erster Teil
Die unvollendete Revolution**

Im Auge des Sturms:
Eine Philosophie erfasst den Kontinent 13

Das Wagnis der Freiheit:
Madame Böhmer probt den Aufstand 24

Mit besten Grüßen, Ihre Außenwelt:
Fichte, Schelling und das Ich 37

Großes Theater:
Die Zeit auf der Probe 47

Dresdner Kunstpause:
In den Armen der Madonna 55

**Zweiter Teil
Das geschenkte Jahr**

Schönstes Chaos:
Lucinde oder die Vermessenheit der Liebe 67

Das eingebildete Subjekt:
Fichte vor dem Gesetz 76

Dienstbare Geister:
Einmal zum Mond und zurück 90

Schlegeln und geschlegelt werden:
Literarische Teufeleien 103

Der Alte vom Berg:
Im Paradies mit Goethe 112

Intermezzo:
Das vertagte Jahrhundert 120

Geschichte wird gemacht:
Schiller und der Sturm auf die Salana 124

Ärger mit den Evangelisten:
Novalis und die Religion der Zukunft 131

Herrscher ohne Reich:
Die Familie der herrlichen Verbannten 138

Dritter Teil
Der rastlose Weltgeist

Gemüsegärtner und Gelehrte:
Spekulationen über dem Abgrund 147

Bleischwere Zeiten:
Schelling unter Beschuss 160

Hegel und die Nussknacker:
Philosophie ist kein Studentenfutter 169

Kant in fünfzehn Minuten:
Germaine de Staël lässt bitten 184

Neuland bestellen:
Im Bergwerk der Poesie 198

Am Vorabend 211

✽

Lebenswege:
Was aus ihnen wurde 221

Zeittafel:
Chronik der Ereignisse 228

Anmerkungen:
Ausflüge in die Umgebung 232

Literatur:
Grundlegendes, Abseitiges, Weiterführendes 247

Bildnachweis 252

Register 253

Der Morgen danach

Die Erde zittert. In den Häusern klirren die Fensterscheiben. Dumpf, aber deutlich sind sie von überall zu hören: die Kanonen. Der Angriff kommt von Süden. Auf einen stärkeren folgt ein schwächerer Knall, nach und nach geht das Getöse in ein Rollen über, als würden ganze Batterien aufeinander abgeschossen. Die preußischen Vorposten bei Maua und Winzerla sind bereits erobert, der Rest hat sich nach Norden zurückgezogen.

Mit den Kleidern am Leib liegt man auf den Betten und horcht. Totenstill ist es jetzt in der Stadt. Jederzeit kann es Feueralarm geben, jederzeit können die Glocken wieder anfangen zu schrillen. Die meisten bleiben ruhig in ihren Häusern, lugen hier und da hinaus. Alle horchen mit Furcht auf das, was als Nächstes geschehen wird.

Bald schon werden Schüsse der französischen Patrouillen durch die engen Gassen hallen. Eine ganz neue Welt wird sich vor den Bürgern auftun. Szenen, die sie niemals für möglich gehalten hätten. Wo gerade noch Vorlesungen über Logik und Metaphysik gehalten wurden, Studenten sich über die Vorzüge des einen oder anderen philosophischen Systems stritten, man über Literatur und Kunst, Natur- und Geschichtsphilosophie diskutierte, werden in den ersten Stunden des 13. Oktober

1806 hungrige Soldaten mit Fackeln in den Händen durch die Straßen streifen. Nur wer sich ruhig verhält, wer einigermaßen Französisch spricht und von Feindlichkeiten absieht, wird von den Plünderungen und Brandschatzungen verschont bleiben. Johlen und Toben in allen Gassen. Schon um zehn Uhr werden die meisten Häuser geplündert sein. Geld, Golduhren, Silberbesteck. Und Wein – Wein gibt es hier in der Gegend mehr als genug. *Ouvrez la porte!* Wer dem nicht freiwillig nachkommt, dem wird die Tür kurzerhand aufgebrochen werden. Nur nicht die Fensterläden öffnen. Notfalls werden die Soldaten auch die Scheiben einschlagen, um einzudringen, sie werden vor nichts zurückschrecken. Eins, zwei, Räuberleiter. Und schon sind sie drin.

Noch am Vormittag werden die ersten regulären Truppen, von Marschmusik begleitet, durch das Neutor im Süden einrücken und für Ordnung sorgen, die Generäle und Offiziere, mit ihren hohen Federbüschen, stattlich und elegant. Ruhig wird es dann auf den Straßen wieder sein, nachdem auch die heimischen Lumpensammler, das Gesindel und die Trickbetrüger, das, was die Franzosen in den Häusern zurückgelassen haben, zu ihrer Beute gemacht haben. Trügerisch ruhig. Denn was werden soll, wer weiß das schon so genau in diesen Stunden, in denen jeder um sein Hab und Gut, ums Leben fürchten muss, Stunden der Unsicherheit und Angst, in denen Weltgeschichte und Weltgeist aufeinanderprallen. Es liegt Krieg in der Luft. Und Krieg wird es geben. Hier in Jena soll sich alles entscheiden.

Erster Teil

Die unvollendete Revolution

Im Auge des Sturms:
Eine Philosophie erfasst den Kontinent

In der Leutragasse 5 ist der Abend angebrochen. Für gewöhnlich ist jeder tagsüber auf seinem Zimmer, arbeitet, schreibt. Jetzt, zu vorgerückter Stunde, versammelt man sich um das kleine Sofa im Salon, direkt neben dem Ofen: Fritz und Wilhelm, Caroline und Dorothea, Schelling, Novalis und Tieck. Tee wird gereicht, Käse, eingelegter Hering, Kartoffeln, was vom Mittag übrig ist. Schelling greift immer wieder in den Topf mit sauren Gurken. Die Ersparnisse sind so gut wie aufgebraucht, Geld kommt durchs Schreiben nicht viel rein. Aber das ist gerade nicht so wichtig, man soupiert und philosophiert, lernt Italienisch. Dante steht auf dem Plan, *La Divina Commedia*, Fritz versteht sich meisterlich darauf. Wenn er Dante vorträgt, beginnen seine Augen zu leuchten, glätten sich seine ebenmäßigen Gesichtszüge, die sonst, seit es mit dem zweiten Teil der *Lucinde* nicht vorangehen will, angestrengt in Falten liegen. Über dem Rezitieren vergisst er fast das Essen.

Während die *Lucinde* auf ihre Fortsetzung wartet – der erste Teil ist vor einem halben Jahr, zur Ostermesse 1799, erschienen –, sitzt Schelling schon an einem großen Gedicht über die Natur. Das Gedicht aller Gedichte soll es sein, nichts Besonderes mehr enthalten, zumindest nichts, das *als Besonderes* in

Erscheinung tritt; ein absolutes Lehrgedicht, ein spekulatives Epos soll es werden, sein einziger Inhalt: die unbedingte Form. Ganz für sich arbeitet er daran. Aber das hier ist Jena, und Jena ist natürlich zu klein, als dass man unbemerkt vor sich hin brödeln könnte. Am Tisch weiß jeder, was Schelling so treibt.

Gerade erst ist sein *Erster Entwurf zu einem System der Naturphilosophie* erschienen – und schon in aller Munde. In literarischen Journalen wird er dafür heftig attackiert, in Jena liegen die Studenten ihm zu Füßen. Schelling eckt an, gibt sich geheimnisvoll, selbst unter seinen Freunden gilt er als ein Buch mit sieben Siegeln. Wenn man ihn sieht, wie er mittags, tief über den Tisch gebeugt, die Suppe löffelt, könnte man denken, man habe einen Feldherrn vor sich, einen französischen General vielleicht, nicht einen großen Philosophen. Schelling will weder so recht zum Katheder passen noch in die literarische Welt: echter Granit.

Nur eine ist für seine Art empfänglich: Caroline. Die ist wieder mächtig beschäftigt mit ihm – und er mit ihr, der fast zwölf Jahre älteren. Erst neulich hat er ihr, ganz heimlich, eine schwarze Feder an den Hut gesteckt. Verblüfft war sie. Schwarze Feder, das bedeutet Zauber, Magie, Geheimnis ... Schelling macht ihr vor versammelter Runde derart schamlos den Hof, dass Novalis, der das Schauspiel aus den Augenwinkeln beobachtet, schon einen Skandal heraufziehen sieht, rabenschwarze Gewitterwolken. Irgendwas ist da jedenfalls, was sie an ihm fasziniert. Vielleicht seine Sprödigkeit, vielleicht seine Originalität. Keine sechs Minuten sind sie zusammen, schon gibt es Zank. Er ist das weit und breit Interessanteste, was ihr seit Wilhelm untergekommen ist.

Wilhelm und Caroline, das weiß man in der Stadt und im Haus, halten nicht viel vom heiligen Sakrament der Ehe. Sie leben mehr als gute Freunde zusammen, nicht wie zwei, die einander für immer die Treue versprochen haben. Wie es scheint, besteht die Ehe nur noch auf dem Papier, eine Ehe auf Zeit. Caroline kümmert es nicht, was die Leute reden. Soll man sich in der Stadt doch das Maul zerreißen. Sie ist daran gewöhnt.

Caroline gibt die souveräne Gastgeberin, lässt sich von Schelling umgarnen, schaut zu, wie Wilhelm seinerseits mit Dorothea flirtet. Und alle so durcheinander. Ein Affentheater, findet zumindest Tieck. Aber keiner will darüber ein Wort verlieren, auch er nicht. Wenn draußen schon die Welt mit jedem Tag ein bisschen mehr in sich zerfällt, muss man wenigstens hier, im engsten Kreis, zusammenstehen.

*

Die Revolution ist vorbei, Napoleon Bonaparte hat sie beendet. Mit einem ausgeklügelten Staatsstreich hat er sich an die Spitze der noch jungen Republik katapultiert und führt jetzt als Erster Konsul von Paris aus die Geschicke des Landes. Das Ancien Régime ist endgültig passé. Auch der Papst in Rom, Pius VI., hat das Zeitliche gesegnet. Schon seit Februar 1798, nach der Eroberung des Kirchenstaates durch französische Truppen, saß er in der Zitadelle von Valence, und dort ist er nun in Gefangenschaft gestorben. Eine Zäsur hat sich ereignet, ohne Frage. Die Macht des Papsttums, die über Jahrhunderte hinweg für Stabilität in Europa sorgte, liegt am Boden. Nie ist die Zukunft derart ungewiss gewesen, es scheint, als sei sie immer schon vorbei, bevor sie überhaupt gekommen ist. Ein Riss geht mitten durch die Zeit.

Auch die Landesherren sind in Alarmbereitschaft. Sie fürchten, die demokratische Schwärmerei könnte überschwappen, von den Studenten auf die einfachen Leute und Handwerker, dann auf die Bauern, Dienstboten und Tagelöhner. In Paris hat sich ein Volk selbst das Gesetz gegeben, es hat sich von der Klasse befreit, die es in Fesseln hielt, und ist bis zum Äußersten gegangen – selbst das Schafott hat es nicht gescheut.

Der Herzog in Weimar achtet genau darauf, welcher Gelehrte welche Vorlesung hält, welche Kollegbögen zirkulieren und was wie an die Öffentlichkeit gerät. Der in Jena viel beschworenen Geistesfreiheit werden von Weimar aus die Zügel angelegt. Schon der leiseste Versuch, sich mit der Revolution gemein zu machen, wird geahndet. Fichte ist erst in diesem Sommer von der Universität entlassen worden. ›Atheismus‹ lautete der Vorwurf, ein bloßer Vorwand. Dem Herzog war Fichte von Anfang an ein Dorn im Auge. Schon damals, als er mit Goethe vor dem französisch besetzten Mainz lag und über die Berufung des Mannes, der zwar als Thronerbe Kants, zugleich jedoch als Revolutionssympathisant galt, nach Jena beratschlagt hatte.

Das sind nur einige der Streitsachen, die im November 1799 das Herzogtum Sachsen-Weimar elektrisieren. Freiheit ist das Losungswort dieser Tage, Autonomie. Fehlt nur ein tragfähiger Grund, auf dem man sie errichten kann. Nackte Gewalt, das hat sich in Paris gezeigt, führt nicht zum Ziel. Die Revolution hat ihre Kinder verschlungen und ist gescheitert. Was aber kann freier sein als die Freiheit des Denkens und die Freiheit der Kunst? Philosophie und Literatur statt politischem Aktionismus und revolutionärem Tamtam. Der Weg zur lang ersehnten politischen Freiheit, er führt durch das Nadelöhr der philosophischen Reflexion und der poetischen Einbildungskraft. Sie allein können die Gräben überbrücken, sie allein können den Weg in diese neue, noch völlig unbestimmte Zeit bahnen. Hinter das neue Jahrhundert, das auf der Schwelle steht, kann niemand zurück. Während in Paris die Revolution für beendet erklärt wird, soll sie in Jena erst beginnen.

*

November 1799: Da ist Jena so etwas wie der geistig-kulturelle Mittelpunkt Deutschlands. Nicht einmal fünftausend Einwohner zählt die Stadt, beinahe ein Fünftel davon Studenten, eine mittlere Universitäts-, Gewerbe- und Handelsstadt im Herzogtum Sachsen-Weimar, im Talkessel gelegen, zwischen steilen Hängen aus Muschelkalk. Ein mittelalterliches Ensemble, das kaum über die alte Stadtgrenze hinausreicht. Im Norden die sonnigen, von Burgruinen gesäumten Berghänge, die im Herbst voll schwerem Wein stehen, im Süden weitläufige Parkauen, in denen sich im Sommer badefreudige Studenten tummeln. Man kennt sich. Die Leutra schlängelt sich an den Gärten außerhalb der Stadtmauer entlang, ein dünner Silberfaden, der zweimal pro Woche durch die schmalen Gassen geleitet wird und den Unrat des Alltags mitnimmt, den Inhalt der Nachttöpfe, die man frühmorgens aus den Fenstern auf die Straße kippt, bis sich alles schließlich in die Saale ergießt.

Seit 1558 steht hier die »Salana«, ursprünglich als Ersatz für die elf Jahre zuvor im Schmalkaldischen Krieg verloren gegangene Universität Wittenberg gegründet, in einem ehemaligen Dominikanerkloster. Deutsche Provinz, möchte man meinen, ein verfilztes Nest aus Studenten, Professoren und Philistern. An den drei großen, von Ost nach West verlaufenden Straßen – im Norden die Johannis-, im Süden die Kollegien-, dazwischen die Leutragasse – stehen mitunter recht imposante Gebäude, viele davon Professorenhäuser, halb Gelehrtenwohnung, halb Vorlesungssaal, weitervererbt seit Generationen. In den Gassen dazwischen aber hält sich der Muff. Während das benachbarte Weimar, der Musenhof der Herzoginmutter Anna Amalia, auf einer Hochebene liegt und zu allen Seiten hin Platz bietet, stoßen hier die Gegenstände sich im Raum. Sonnenlicht, das nur in die obersten Etagen dringt. Spitzgiebel, die sich nach hinten beugen, andere, die drohen, nach vorn zu fallen.

Im Gegensatz zu den Dozenten ist es den Studenten verboten, außerhalb der Stadtmauern zu wohnen. Auch deshalb ist alles so eng, gedrungen, bleibt kein Platz zum Atmen. Gegen die schmierigen Wände, die Wanzen und Mäuse, die sich im Bettstroh eingenistet haben, hilft kein Mittel. Und doch zieht dieses Städtchen alle an, die Rang und Namen haben oder hoffen, selber einmal Rang und Namen zu erlangen. Hier, ist bald in ganz Europa zu vernehmen, sei die eigentliche Residenz des Geistes. Platons Akademie, sie steht jetzt an der Saale.

Johann Gottlieb Fichte ist seit 1794 da, ein glühender Anhänger der neuen, der kritischen Philosophie. Von Königsberg aus hat Kant nicht weniger als ein philosophisches Erdbeben ausgelöst. Die *Kritik der reinen Vernunft*, 1781 in Riga erschienen, ist *das* Werk der Stunde. Kant will die Philosophie auf ein sicheres Fundament stellen. Was wir von den Gegenständen erkennen können, hängt von den Formen unseres Verstandes und den Formen unserer Anschauung ab, und die Formen unserer Anschauung sind Raum und Zeit. Wie die Dinge an sich sein mögen, davon, sagt Kant, können wir nichts wissen. Der Umfang unserer Erkenntnis ist begrenzt.

Kants Vernunftkritik erschüttert die Geisteswelt. Von nun an ist Schluss mit allen metaphysischen Gottesbeweisen. Gottes Existenz lässt sich weder bestätigen noch widerlegen. Über die letzten Fragen nach Welt, Seele, Gott, nach Freiheit und Unsterblichkeit ist mit Sicherheit nur zu sagen, dass der Mensch, der sie sich unaufhörlich stellt, keine Antwort darauf finden wird. Moses Mendelssohn, der Anfang der Achtzigerjahre das Geschehen von Berlin aus verfolgt, nennt Kant den »Alleszermalmer«.

Doch verstaubt das Buch zunächst in den Regalen. Erst in Jena erhält es, Ende der Achtzigerjahre, die Aufmerksamkeit, die ihm gebührt, hier wird es gelesen, diskutiert und kommentiert, hier beginnt – zeitgleich mit der großen Revolution, die sich einige Hunderte Kilometer entfernt in Paris ereignet – sein Siegeszug über den Kontinent.

Wie eine Druckwelle erfasst das kritische Denken den europäischen Kontinent und stürzt den Geist in eine Krise, aus der er sich nur selbst befreien kann. »Sapere aude! Habe Mut, dich deines *eigenen* Verstandes zu bedienen«, lautet die Maxime Kants. Kein gebildeter Mensch kann dahinter nun zurück. Es gibt keine Inseln ewiger Wahrheiten, auch keine unschuldige Wissenschaft in der Abgeschiedenheit ehrwürdiger Universitäten mehr. Was dort, in Paris, die politische, die reale Revolution umwälzt, hebt hier die philosophische, die ideale Revolution gewaltsam aus den Angeln: Die alten Überzeugungssysteme gelten nicht mehr. Kant ist die neue Zeit. Und Fichte ihr Messias.

Seit Fichte in Jena ist, strömen Studenten aus allen Himmelsrichtungen herbei: Norweger, Schweden, Schweizer, Ungarn, Griechen – auch Franzosen; die sind entweder aus dem Land der Revolution geflohen oder wollen ebendiese weitertragen und finden in ihm, Fichte, gerade den Theoretiker der politischen Selbstbestimmung. Der Mensch hat keinen anderen Herren über sich, folgt keinem anderen Gesetz als demjenigen, das er sich selbst als Vernunftwesen gegeben hat.

Mit seiner Religionsschrift war Fichte über Nacht berühmt geworden. Man hatte sie für die fehlende vierte Kritik gehalten. Vier Fragen, so hatte Kant gesagt, markieren das Feld der Philosophie: Was kann ich wissen? Was soll ich tun? Was darf ich hoffen? Was ist der Mensch? Im Grunde sei es sogar nur eine, weil die ersten drei Fragen in der letzten aufgingen. Mit seinen drei großen Kritiken hatte er das Feld dessen, was die Philosophie leisten könne, abgesteckt, sich unter anderem zu erkenntnistheoretischen, moralischen und ästhetischen Themen geäußert. Um die Philosophie auf ein sicheres Fundament zu stellen, hatte er die Möglichkeiten und Grenzen der menschlichen Erkenntnis aufgezeigt, er hatte die Ethik aus den Prinzipien der reinen Vernunft entwickelt, und er hatte erklärt, wieso es für den Menschen – ein zugleich sinnliches und geistiges Wesen – überhaupt Freiheit geben kann, obwohl doch die Welt nur als von Notwendigkeit und Naturgesetzen beherrscht zu denken ist. Bisher hatte Kant es allerdings versäumt, zu Fragen der Religion und dem, was zu hoffen sei, Stellung zu beziehen.

Der anonym veröffentlichte *Versuch einer Kritik aller Offenbarung*, so schien es, musste der Abschluss des kritischen Unternehmens sein. Abwegig war die Vermutung nicht: Fichte glaubt ganz im Sinne Kants zu denken. Seine Verehrung für Kant ist so groß, dass er und seine Frau Johanna nicht lange zögern, ihren Sohn, als es soweit ist, auf den Namen Immanuel zu taufen. Immanuel Hermann, um genau zu sein. Ja, Fichte behauptete standhaft, der kleine Immanuel sei dem großartigen wie aus dem Gesicht geschnitten. Fichte hatte sich schließlich als Verfasser der Offenbarungsschrift entpuppt und war von Goethe an die Universität berufen worden.

Blauer Frack, rotes Halstuch, gelbe Beinkleider, dunkle Strümpfe: Auch Schiller sieht man durch die Straßen eilen. Wenn es dem Hofrat seine Gesundheit denn erlaubt und er nicht wieder, von einem neuen Krankheitsschub gelähmt – Krämpfe, die es ihm unmöglich machen, das Haus zu verlassen –, ans Bett gefesselt ist. Die Zeiten, in denen er sich seinen Weg durch die Menge bahnen musste, weil die ganze Stadt in Aufruhr war, wenn er sich zeigte, sind vorbei.

Seinen Zusammenbruch vor fast acht Jahren hat er bis heute nicht wirklich überwunden. Die Arbeit ist seitdem nicht weniger geworden. Gerade hat er eine Trilogie zu Ende gebracht, ein gewaltiges Drama über den Dreißigjährigen Krieg: *Wallenstein*. Wenn Goethe in Jena zu Besuch ist, hockt er ständig bei ihm. Schiller hat die Einfahrt vor dem Gartenhaus, in dem er die Sommermonate verbringt, oftmals bis in den Oktober, sogar in den November hinein, eigens vergrößern lassen für die Kutsche des Dichterfürsten, das »Fahrhäuschen«, wie Goethe es liebevoll nennt. Gemeinsam brüten Geheimrat und Hofrat über Poesie und Philosophie, Naturforschung und Politik. Mittlerweile gibt es sogar Umzugspläne, die der Herzog unterstützt: Schiller möchte in Weimar, ganz in der Nähe des Theaters und des Freundes sein.

Schiller ist lange vor Fichte nach Jena gekommen, nur wenige Wochen vor dem Sturm auf die Bastille hielt er in dem Haus, in dem er nun mit seiner Frau Charlotte, Lolo, und den Kindern wohnt, seine Antrittsvorlesung, an zwei Abenden hintereinander. Der Hörsaal, das Griesbach'sche Auditorium – mit vierhundert Plätzen der größte der Stadt –, war zum Bersten voll.

Auch Schiller hat Kant studiert. Insbesondere die *Kritik der Urteilskraft,* die 1790 erscheint. Das freie Spiel der Erkenntniskräfte, das Kant darin beschreibt, ist für Schiller zum Zentrum seiner Idee von einer ästhetischen Erziehung des Menschen geworden. Wie Einbildungskraft und Verstand in der ästhetischen Anschauung in Wechselwirkung miteinander treten und der Begriff die Anschauung dabei umspielen muss, um sie erfassen zu können. Für Schiller befreit die Kunst den Menschen von der Herrschaft des bloßen Begriffs, zerschlägt die Fesseln der blinden Notwendigkeit. Nur da, wo der Mensch spielt, ist er ganz frei.

Kant ist in Jena allgegenwärtig. Der Kantianismus wird zu einer regelrechten Mode. Kommilitonen werfen mit Begriffen um sich, die sie nicht verstehen, bauen Systeme, während sie noch schülerhaft mit dem Degen klirren, waghalsige Konstruktionen, von denen sie wissen, dass sie beim leisesten Hauch von Kritik in sich zusammenfallen werden. Kopfgeburten. Spekulative Sätze, die sich schwer wie Mühlräder um sich selber drehen. Hauptsache, man gehört dazu. Studenten aller Fakultäten treiben sich bei den Philosophen herum. Wen kümmert das leidige Brotstudium, wenn man sich mit Kant, Fichte und Schiller in die Stratosphäre des Geistes schrauben kann.

Und nun ist im letztem Jahr ein neuer Professor berufen worden: Schelling. Er soll das kritische Denken noch radikaler betreiben als seine Vorgänger. Die Philosophie sei längst nicht am Ende, so lautet sein Credo. Er hält es für grundfalsch, die letzten Fragen aus dem Land des kritischen Denkens zu verbannen. Die Resultate sind da, nur die Prämissen fehlen.

Schelling eilt sein Ruf voraus. Während er sich in Dresden aufgehalten hatte, um den letzten Sommer vor seinem Amtsantritt in Jena mit den beiden Schlegel-Brüdern, Wilhelm und Fritz, mit Caroline, Novalis und Fichte zu verbringen, war er schon auf dem besten Weg, zum neuen Thronerben der kritischen Philosophie aufzusteigen. Und kaum in Jena angekommen, bringt er alles durcheinander.

Das Wagnis der Freiheit:
Madame Böhmer probt den Aufstand

Man erzählt sich noch viel über sie, hier auf den Straßen in Jena, hinter vorgehaltener Hand, wenn sie über den Markt schlendert. Immer dienstags, donnerstags und samstags, während sich die Bäuerinnen ahnungslos zwischen ihren Körben, Wagen und Buden die Beine in den Bauch stehen und ihre Stimmen über den Platz donnern: *Frisches Obst! Frisches Gemüse!* Man erzählt sich, Caroline Schlegel habe mit den Jakobinern unter einer Decke gesteckt, damals in Mainz, an der Seite des berühmten Naturforschers und Reiseschriftstellers Georg Forster, als die Stadt, von französischen Revolutionstruppen erobert, kurzerhand zur Republik ausgerufen worden war. Eine Revolution von unten. Die erste Republik auf deutschem Boden.

Die Zeit in Mainz ist auch an Caroline nicht spurlos vorübergegangen. Sie hat am eigenen Leib erfahren, was es heißt, von einer enthusiastischen Zuschauerin der Revolution zur verfolgten Parteigängerin zu werden. Sie kennt den Moment, in dem das eigene Leben aus der Bahn gerät, sich die Ereignisse überschlagen und alles auf dem Spiel steht. Sie weiß, wie es ist, wenn nur die rettende Hand eines Freundes einen Menschen vor dem Abgrund bewahren kann, der ihn in Wirklichkeit schon verschlungen hat. Ihr Name zeugt von dem Schicksalsweg, der jetzt zu ihr gehört: Dorothea Caroline Albertine, geborene Michaelis, verwitwete Böhmer, wiederverheiratete Schlegel.

Noch immer gilt Caroline in Jena als die »berühmte Mdme Böhmer«, die »als Clubbistin mit auf dem Königstein saß«, sie wird argwöhnisch beäugt, als Ausgestoßene behandelt, nicht nur von Karl August Böttiger, dem umtriebigen Publizisten aus Weimar, der für Klatsch und Tratsch wie diesen jederzeit die Ohren gespitzt hat. Erst neulich hat sie auf dem Markt zwei Frauen plappern hören, während sie gerade dabei war, einen Hut anzuprobieren, mit breiter Krempe. Gut stand er ihr, er sollte Schelling gefallen. Im Spiegel hat sie die beiden aus dem Augenwinkel beobachtet, wie sie da, verstohlen hinter ihrem Rücken, mit dem Finger auf sie zeigten. Gerede, das sich in einer Kleinstadt wie dieser nicht vermeiden lässt.

Königstein: Wenn Caroline diesen Namen hört, durchfahren sie die Schrecken jener Tage, als man sie auf der Festung im Taunus gefangen hielt, nachdem ihr Versuch, im April 1793 aus Mainz nach Gotha, zur befreundeten Familie Gotter zu fliehen, misslungen war. Ein preußischer Vorposten hatte sie wenige Kilometer hinter Oppenheim, südöstlich von Mainz, angehalten, visitiert und – nach einem kurzen Blick in den Pass – ins Hauptquartier nach Frankfurt gebracht. Der Name Böhmer war bei den Behörden bekannt. Carolines Schwager Georg Wilhelm hatte eng mit General Custine, dem Anführer der Revolution, zusammengearbeitet. Verhasste Demokraten. Das Reisegepäck wurde konfisziert. Vom Hauptquartier ging es direkt in Haft. Statt der Freiheitsbäume, die man während der Revolutionszeit aufgestellt hat, eine dunkle Zelle. Dabei war Mainz für Caroline die so lang ersehnte Unterbrechung eines allzu beschränkten Lebens gewesen.

Johann David Michaelis, ihr Vater, ist ein hoch angesehener Theologe und Orientalist an der altehrwürdigen Universität zu Göttingen, Hochburg der deutschen Aufklärung; Goethe hätte für sein Leben gern bei ihm studiert. Michaelis bewohnt eines der prächtigsten Häuser der Stadt, in der Prinzenstraße, gleich gegenüber dem Kollegien- und Bibliotheksgebäude. Hier, in der gelehrten Welt, in Gesellschaft all der Koryphäen, die bei ihrem Vater zu Gast sind, wächst Caroline auf. Ständig gilt es, die Form zu wahren.

Kurz vor ihrem einundzwanzigsten Geburtstag wird sie mit dem zehn Jahre älteren Amts- und Bergarzt Johann Franz Wilhelm Böhmer verheiratet und folgt ihm nach Clausthal in den Oberharz. Ein Jahr später, 1785, wird ihre Tochter Auguste geboren. Caroline stellt ihre eigene Entdeckerlust zurück. Die Rollen sind klar verteilt.

Vier Jahre nach der Hochzeit erliegt ihr Mann einer Infektion. Therese, das zweite Kind, ist mittlerweile geboren, ein weiteres unterwegs. Caroline sieht keinen anderen Ausweg, als nach Göttingen zurückzukehren. Es fühlt sich falsch an, aber was soll sie denn in Clausthal, wo es kaum mehr als Lehrkurse für Berg- und Hüttenleute gibt?

Viel Zeit zur Besinnung bleibt ihr nicht. Erst stirbt ihr Söhnchen Wilhelm, wenige Wochen nach der Geburt, dann Therese. Als auch ihr Vater stirbt, fasst sie den Entschluss, nach Mainz zu gehen. Mit dem Rücken zur Wand bleibt nur die Flucht nach vorne.

Sie kennt ein paar Leute in Mainz, darunter Forster, der an der dortigen Universität eine Stelle als Oberbibliothekar bekleidet, und dessen Frau Therese, Tochter des Altertumswissenschaftler Christian Gottlob Heyne. In Göttingen gehörten sie mit Meta Forkel, Dorothea Schlözer und Philippine Engelhardt zu einer Gruppe von Professorentöchtern, die endlich selbst akademisch und literarisch tätig werden wollten, Aufsätze und Gedichte schrieben. Schon damals galt: Raus aus den engen Gässchen, Französisch, Englisch, Italienisch, Shakespeare, Hume, Goldoni, fort mit all den unseligen Teeabenden! Sie weiß um die republikanische Gesinnung Forsters. Eine Ahnung, wie gefährlich Mainz werden könnte, hat Caroline nicht, als sie aus Göttingen aufbricht. Aufstand statt Anstand.

Dass das Wagnis der Freiheit mit Gefangenschaft und Sicherheitsverwahrung enden würde, hätte sie nie für möglich gehalten. Vom Krieg, wenn er denn kommen sollte, hatte sie sich eine Belebung erhofft – eine Erneuerung dieser verknöcherten Zeit: Caroline wollte ihren Enkelkindern davon erzählen können, wie sie eine Belagerung erlebt, wie man einem geistlichen Herrn auf dem Marktplatz die lange Nase abgeschnitten hätte.

*

Beinahe ist sie froh darüber, dass Auguste bei ihr im Gefängnis ist. Gustel ist zwar noch ein Kind, aber immerhin kann Caroline sich ihr anvertrauen, wenn sie nicht weiterweiß. Und das kommt oft vor, öfter, als ihr lieb ist. Die Zustände auf Königstein sind verheerend. Eine Zelle mit sieben Inhaftierten. Zudem ist Caroline schwanger. Nicht von Forster – auch wenn

Therese und die halbe Welt versuchen, ihr ein Verhältnis mit ihm anzudichten –, nein, viel schlimmer: von einem jungen Besatzungsoffizier, ausgerechnet der Neffe und Adjutant des Generals Ervoil d'Oyré, der das Ruder von Custine übernommen hat. Und während aus der Ferne die alliierten Geschütze dröhnen, verwünscht sie ihren Übermut in jener freiheitstrunkenen Ballnacht am Tag der Eroberung.

Caroline fühlt sich nicht schuldig, keineswegs, nichts ist dran an den Vorwürfen, die man gegen sie erhebt: Kollaboration mit den Franzosen. Niemals hätte sie Auguste in eine solche Gefahr gebracht. Und hätte sie getan, was man ihr vorwirft, sie würde sich dazu bekennen. Forster ist indessen in Paris gelandet. Unterstützung, welcher Art auch immer, kann sie von ihm nicht erwarten. Caroline sieht sich als politische Geisel.

Die Gefängnistage sind lang. Caroline spürt, wie die Zeit zum absoluten Stillstand kommt. Zu viel hat sie gesehen, fürchterliche Szenen: Häftlinge, die zu Tode geprügelt werden, ohne dass man sie verhört oder ihnen gar den Prozess gemacht hätte. Einmal verlässt sie für drei Wochen nicht das Bett. Aber Gustel ist da. Um ihretwillen gilt es durchzuhalten.

In ihrer Verzweiflung hofft sie auf eine Kaution. Noch ist niemand bereit, sie zu hinterlegen. Selbst Goethe, der einflussreiche Geheimrat und Minister, den sie einst schwärmerisch in ihrem Göttinger Elternhaus begrüßt und erst letzten August in Mainz wiedergesehen hat – von Politik hatte man bei diesem Treffen lieber geschwiegen –, kann ihr nicht helfen. Entweder es naht bald Rettung, oder sie muss über diesen Zuständen zugrunde gehen. Absolute Freiheit oder absolute Tyrannei, das war die von Forster ausgegebene Losung, die sie nach Mainz gelockt hatte. Daran hat sich nichts geändert. Unablässig prasselt das Feuer der Alliierten auf Mainz nieder.

*

Seit dem letzten Jahr toben die Revolutionskriege in Europa, überall wimmelt es von Franzosen. Österreich, Preußen und verbündete Kleinstaaten machen mobil, um die in Frankreich grassierende, wie ein gefährlicher Virus um sich greifende »Freiheitsinfluenza« zu bekämpfen. Bis nach Mainz ist die Revolution vorgedrungen. Wenn man jetzt nicht einschreitet, kann es schon morgen zu spät sein.

Das Establishment im alten Reich reagiert fast hysterisch auf die politischen Ereignisse in Mainz. Überall wittert man Revolutionsgefahr. Als der Kurfürst, Friedrich Karl Joseph von Erthal, aus seiner eigenen Stadt fliehen muss, lässt er das Wappen, das auf der Wagentür prangt, kurzerhand auskratzen. Sein ehemaliger Leibarzt Georg Wedekind ist zu den Revolutionären übergelaufen. Sicher ist sicher. Herrscher von Gottes Gnaden, vom Hof gejagt von Volkes Zorn.

Ende Mai 1793 stoßen der Weimarer Herzog Carl August und sein Minister zu den alliierten Truppen. Preußische und österreichische Einheiten belagern jetzt die Stadt, auch sächsische, hessische sowie pfalzbayrische Kontingente unter dem Oberbefehl des preußischen Generals Friedrich Adolf von Kalckreuth. Die Stellungen der Franzosen sind nicht unvorteilhaft.

Wie schon auf dem Feldzug im vorigen Herbst begleitet Goethe seinen Herzog in den Krieg. Damals, in der Campagne,

Richard Earlom, *Die Plünderung des königlichen Kellers 1792*, Schabkunstblatt nach einem Gemälde von Johann Josef Zoffany, 1795 (Ausschnitt)

hatten sich die Alliierten geschlagen geben müssen. Das darf sich nicht wiederholen. Bis zum entscheidenden Angriff gegen die Republik vertreibt sich Goethe die Zeit mit Studien zur Farbenlehre, Studien, die er für den Feldzug unterbrechen musste. Die Natur ist geduldig, anders als die Geschichte. Kein Mensch kann wissen, was als Nächstes geschieht, welches Ereignis über dieses oder jenes Leben hereinbricht. Während die Geschichte stets auf dem Sprung ist, gilt für die Betrachtung der Natur: Sie macht keine Sprünge, auch wenn sie im ständigen Übergang begriffen ist, auch wenn keine Gestalt der anderen gleicht. Goethe setzt der Ereignishaftigkeit der Geschichte die Stetigkeit der Natur entgegen – ein Akt der Selbstbehauptung inmitten einer an allen Enden lose gewordenen Zeit.

Wenn sich die Gelegenheit bietet, geht der Herzog ihm zur Hand. Heilsame Ablenkung. Carl August, der das Revolutionsgeschehen in Paris anfangs wie so viele Beobachter begrüßt hat – »Augenzeuge« wollte er werden –, befürchtet, der Ungeist der Revolution könne jederzeit auf Deutschland überspringen, ganze Landstriche verwüsten. So weit ist Mainz von Weimar nicht entfernt. Hätten Österreich, Preußen und Russland sich nicht bereits kräftig gegen den Strom der Geschichte gestemmt, die Unruhen wären wohl schon in mehreren Regionen Deutschlands ausgebrochen. Gott sei Dank haben die großen Mächte unermüdlich ein Gegengift gegen die Anarchie verspritzt, aber die Krankheit wird schlimmer und schlimmer.

Zu Hause, im Herzogtum Sachsen-Weimar, muss man die Zügel ebenfalls wieder etwas straffer ziehen. Nichts darf den Frieden stören. Erst im letzten Jahr hat der Jurist Gottlieb

Heinrich Hufeland eine Vorlesung über die soeben von der Nationalversammlung in Paris verabschiedete französische Verfassung halten wollen. Aber wenn auf einen Verlass ist, dann auf Regierungsrat Voigt – Hufeland lenkte ein, mit der Regierung wollte er es sich nicht verscherzen. Carl August weiß aber auch, dass nicht alle Gelehrten in Jena und Weimar so fügsam sind. Er vertraut nur den engsten Freunden.

In diesen aufrührerischen Zeiten ist Goethe seinem Herzog mal wieder um einen Schritt voraus. Als es darum geht, die Nachfolge Reinholds zu klären, eines überzeugten Kantianers, hat er seine Fühler bereits nach dem Philosophen Johann Gottlieb Fichte ausgestreckt, einem eingefleischten Demokraten, wie man weiß, ein Mann, dem sein Ruf als Revolutionssympathisant vorauseilt.

Fichte, Kants Thronerben, zu berufen liegt aus fachlichen Gründen nahe. Er wäre ein unvergleichlicher Gewinn für die Universität, ein Magnet für Studenten aus ganz Europa. *Zurückforderung der Denkfreiheit von den Fürsten Europens, die sie bisher unterdrückten* heißt die Schrift, mit der Fichte vor Kurzem für Aufsehen gesorgt hat, nicht zuletzt in Weimar; Wieland hat überschwängliche Worte für Fichte gefunden, für den ›anonymen‹ Verfasser einer Rezension in der *Allgemeinen Literatur-Zeitung* hingegen ist Fichte ein »gar zu erbärmlicher Kerl«. Ein klareres Bekenntnis zu den Ideen der Revolution in Frankreich als dasjenige Fichtes kann man sich jedenfalls in diesen Tag kaum denken. Ein ›deutscher Jakobiner‹, und Goethe versucht ihn nach Jena zu holen. Auch das noch.

Nicht zuletzt um solche Dinge hat man sich im Feldlager vor Mainz zu kümmern, während der Sommer über die Rheinhöhen hereinbricht und die alliierten Truppen zwischen zerfetzten Weinstöcken campieren, auf zertretenen, abgemähten Feldern – den Bauern hat man befohlen, sie niederzusensen, damit sich die französischen Soldaten nicht im Schutz der Ähren heranpirschen können –, und täglich, stündlich weitere Schreckensnachrichten von Verwundeten und Toten erwarten, ohne Aussicht darauf, dass sich in der nächsten Zeit etwas an diesem Zustand ändern könnte. Die Tage sind staubig und heiß, die Nächte himmlisch. Unbehagen macht sich unter den Regimentern breit; die Zeit treibt im Kreis um die nicht vorhandenen Stunden. Nicht einmal wer die Augen schließt, kann noch Schmetterlinge über honigduftende Blumen flattern sehen.

Am 18. Juni beginnt die Bombardierung. Man schießt Tag und Nacht. Kirchen, Türme, ganze Gassen brennen. Gut vier Monate nach Gründung der Mainzer Republik, am 23. Juli, erobern Österreich, Preußen und ihre Verbündeten die Stadt schließlich zurück. Forsters Befürchtung, dass die Deutschen, dieses rohe, arme, ungebildete Volk, zu keiner Revolution fähig sei, hat sich auf ganzer Linie bestätigt. Als Goethe und der Herzog durch die ausgebombten Straßen reiten, ziehen schmale Rauchfäden über die Dächer.

*

Caroline kommt über Umwege frei. Zuletzt war sie nach Kronberg verlegt worden, ein kleines Städtchen, eine Stunde von Königstein entfernt, wo sie zwar jederzeit an die frische Luft gehen konnte, aber nach wie vor eine Gefangene war. Erst ihr jüngster Bruder Philipp hatte über eine ihm nahestehende Freundin mit guten Kontakten zum preußischen König ihre Freilassung erwirkt. Endlich. Raus aus der schneidenden Luft.

Entlassen und aller Ehren beraubt, gesundheitlich zerrüttet, vertraut sie sich August Wilhelm Schlegel an. Als Student in Göttingen hatte er vergeblich um die Tochter aus angesehenem Hause geworben; damals hat sie ihn – im Moment seiner größten Zuneigung – von sich gestoßen, ignoriert und tief gekränkt. Jetzt nutzt er seine zweite Chance.

Wilhelm, der über Carolines Schicksal Bescheid weiß, reist direkt von Holland nach Frankfurt. Ihr Gepäck, das bei der Festnahme konfisziert wurde, hat Caroline zurückbekommen, das Geld hat man einbehalten. Mit nichts steht sie da. Wilhelm schenkt der Gefallenen, Verfemten seinen Namen. Den Sohn, den sie noch im sächsischen Lucka zur Welt bringt, unter unerträglichen Schmerzen, lässt sie bei Pflegeeltern zurück. Wilhelm Julius wird nur anderthalb Jahre alt.

Nahtlos an die Heirat im Sommer 1796 schließt sich für Caroline und Wilhelm der Umzug nach Jena an. Auf ausdrückliche Einladung Schillers, der Wilhelm für sich und sein Zeitschriftenprojekt *Die Horen* gewinnen möchte. Das Leben scheint wieder in ruhigeren Bahnen zu verlaufen. Zunächst wohnt man beim Kaufmann Beyer am Markt, auch einen kleinen Garten vor den Toren der Stadt haben sie gepachtet. Wilhelm hatte ihr zwar weiße Vorhänge versprochen, in Wahrheit hängen ein paar graue Lappen vor den Fenstern, das Haus ist schmuddelig und klein, aber fürs Erste reicht's. Wie hatte Wilhelm noch vor Kurzem diese schöne Passage bei *Romeo und Julia* übersetzt? »Kein steinern Bollwerk kann der Liebe wehren. / Und Liebe wagt, was irgend Liebe kann.« Ein Königreich für einen Balkon.

Im Herbst dann der Umzug in ein Hinterhofkarree in der Leutragasse, eine der besseren Adressen. Es gehört zum Döderlein'schen Haus, in dem seit 1797 Friedrich Niethammer mit seiner Frau Rosine Eleonore Döderlein lebt, Witwe des 1792 in Jena verstorbenen Kirchenrats Johann Christoph Döderlein. Der Hinterhof ist vom Vorderhaus durch ein Rundbogenportal getrennt, vor Studierenden geschützt, die nämlich werfen bei Unruhen – Aufregung hat es nicht nur wegen der Revolution in Frankreich auch in Jena schon genug gegeben – ihren Professoren allzu gern die Scheiben ein. Dass Schlegels hier wohnen dürfen, ist ein Freundschaftsdienst des schwäbischen Theologen und Philosophen.

Wie für Professorenhäuser üblich, ist der Komplex großzügig ausgestattet mit Bibliothek und hauseigenem Auditorium, bis zu hundert Studenten finden darin Platz. Wilhelm hofft, später hier Vorlesungen halten zu können, über Ästhetik und die Geschichte der antiken Literatur, seine Spezialgebiete. Erste Absprachen dazu gibt es bereits. Dann müsste er bloß durch den Innenhof gehen, die Wendeltreppe hinauf, und schon wäre er da.

Caroline fühlt sich in Wilhelms Gegenwart zum ersten Mal verstanden, wertgeschätzt. Irgendwie beginnt sie sich anzufreunden mit diesem beschaulichen Tal, in dem sie jetzt leben. Hier ist man also gelandet, in Jena. Das Gerede auf der Straße über sie und ihre Person, ihre Geschichte, kann ihr egal sein. Wenn Fritz und Dorothea im nächsten Jahr bei ihnen einziehen, wird es noch schöner, noch aufregender werden.

Hier könnte man in einer Art offener Wohngemeinschaft leben.

Die Erinnerung an die schwere Zeit der Haft scheint langsam zu verblassen. Aber dass die große, wie ein Fieber um sich greifende Revolution ihr einmal die Fratze gezeigt hat, kann sie nicht vergessen. Bis zu der Zeit, als Schelling in Jena ankommt, ist sie nichts als eine gescheiterte Utopie.

Mit besten Grüßen, Ihre Außenwelt: Fichte, Schelling und das Ich

Etwas Gebieterisches geht von ihm aus, wie er dasteht, den Kopf zurückgeworfen, die breiten Backenknochen, die hohe Stirn, die Hände vornehm ans Pult gelegt. Auch er spricht im Griesbach'schen Auditorium. Genau wie Schiller vor so vielen Jahren.

Am 18. Oktober 1798 hält Schelling seine erste Vorlesung in Jena, seine allererste Vorlesung überhaupt. Dicht gedrängt stehen die Studenten, sind ganz Ohr. Genialität wird Schelling nachgesagt, aber auch Starrsinn und eine ordentliche Portion Arroganz.

Auf dem Lektionszettel angekündigt hat er zwei Lehrveranstaltungen: eine öffentliche Vorlesung »Über den Begriff und das Wesen der Naturphilosophie« und zusätzlich ein Privatkolleg über »Das System der Naturphilosophie selbst nach meinem Entwurfe«.

Schelling redet von der Natur als einer ewig schaffenden, sich wieder und wieder erneuernden Kraft, die niemals stillsteht. Für ihn ist sie ursprünglich eins mit dem Geist, wie überhaupt alles aus der Idee des Geistes zu fassen sei, man brauche sich nur auf den Standpunkt der Vernunft zu erheben, um die Welt als Ganzheit zu verstehen, jedes einzelne Ding auf die es durchdringende Einheit hin transparent zu machen. »Intellektuelle Anschauung« nennt er das mit und gegen Kant, Erkenntnis auf einen Schlag. Kein Wort mehr von irgendeinem Nicht-Ich, wie es Fichte aus einem ursprünglichen Ich nach strenger, deduktiver Methode ableiten wollte – mit einer Realität ohne Klang, Gestalt und Farbe kann Schelling nichts anfangen. Das hier ist überhaupt alles gegen Fichte gerichtet, für den die Natur tot ist, ein bloßer Gegenstand der Erkenntnis.

Schelling predigt das alte *hen kai pan*: Die Lehre Heraklits – alles entspringt aus Einem, und in Eines kehrt alles zurück – beherrscht die Vorlesung vom ersten bis zum letzten Wort. Der leidige Dualismus – hier der Begriff, da die Anschauung, hier die Formen des Verstandes, da die Gegenstände der äußeren Anschauung –, der natürlich weit älter ist als die kritische Philosophie, im Grunde bis auf Descartes, den Gründervater der neueren Philosophie, zurückgeht, soll endlich aus dem Weg geräumt werden. Die geistige Erneuerung der Zeit kann nur gelingen, wenn man durch alles Einzelne und Verworrene hindurchblickt auf die unendlich höhere, alles unter sich begreifende Einheit.

Soll die unvollendete Revolution Kants jemals vollendet und der soziale Antagonismus, der das Scheitern der Revolution in Paris – mit jedem Tag mehr – hervorgerufen hat, überwunden werden, dann nur durch eine Philosophie, die kein Innen und kein Außen mehr kennt, kein Subjekt und kein Objekt, bloß *ein* Absolutes, das sich in allen Gestalten der Wirklichkeit zu erkennen gibt. Im Medium der Natur erkennt der Geist sich wieder und findet zu sich selber; im Geist des Menschen schlägt die Natur die Augen auf und findet zur Erkenntnis, dass sie da ist. Die Natur ist nur das andere des Geistes, nicht seine böse Stiefmutter.

*

Es war nur eine Idee, mehr nicht. Als man um den großen runden Tisch im Gasthof gesessen hatte: Bierhumpenstemmen, das Klackern der Deckel, der dicke Rauch aus den langen Tabakspfeifen. Ordensstammtisch.
Eine Idee. Man hatte so was nicht zum ersten Mal gemacht. So viele Möglichkeiten, seinen Unmut kundzutun, gab es nicht. Man war auch schon mal aus der Stadt gezogen, aus Protest gegen die Verlegung der herzoglichen Truppen nach Jena, nachdem es mit den Schokoladisten zu heftigen Auseinandersetzungen gekommen war. Schokoladisten, das sind Studenten, die glauben, man könne alle Streitigkeiten bei einer Tasse Schokolade beilegen, die kein Ehrgefühl kennen, die sich scheuen, den Degen statt das Wort zu führen, und verbotene Duelle an die Obrigkeit verraten. Die Anwesenheit der herzoglichen Truppen war Ansporn genug, die akademische Freiheit zu verteidigen. Bis nach Erfurt wäre man damals gezogen, hätte der Herzog nicht ein Einsehen gehabt und das Militär wieder aus der Stadt beordert. Bis Nohra in der Nähe von Weimar war man immerhin gekommen. Hoch lebe die akademische Freiheit!
Irgendwann zu später Stunde war dann der Zeitpunkt da gewesen. Es sollten Taten folgen. Die letzte Runde, die letzten Gäste herausgekehrt aus der »Tanne«. Auch aus dem benachbarten »Geleitshaus«, in dem Fuhr- und Kaufleute den Brückenzoll zu entrichten haben, schwanken einige Gestalten. Der

Weg hinüber auf die andere Seite der Saale. In der Mitte das steinerne Kreuz, die Grenze, die Jena von Camsdorf trennt, unten der träge sich dahinschleppende Fluss.

Legenden ranken sich um die Brücke. Anfang des Jahrhunderts soll ein Pferd durchgegangen, über das Geländer gesprungen sein und seinen Reiter mit in den Tod gerissen haben. Seitdem höre man in Vollmondnächten, wie sich das Klackern der Hufe in das Rauschen des Flusses mischt.

Die Stadtmauer vor Augen, im Rücken die Berge. Der Blick zum Jenzig hinauf, dessen Spitze in diesem Moment beinahe den Mond berührt. Durchs Tor hindurch, über den Graben. Da ist es auch schon, das Haus des Professors, gleich neben dem Roten Turm. Verbieten will er die Orden, den Duellzwang unterbinden. Freiwillig auflösen? Unvorstellbar. Nicht mit ihnen. Noch so ein Schokoladist.

Ein Schrecken soll es sein, nicht mehr. Schritte ums Haus, an den Wänden die Schatten. Erst länger, dann kürzer. Ausatmen. Einatmen. Ausholen – halt, da ist Licht in den Fenstern! Gerade ist es angegangen. Schnell, an die Wand. Schwer liegt der Stein in der Hand. Vom Ufer der Saale, glatt geschliffen vom Klackern der Hufe. Gemurmel. Das Licht ist aus. Und wieder: Ausatmen. Einatmen. Ausholen.

Ein lautes Klirren, und die Scheiben waren zu Bruch gegangen. Ehe sich etwas im Haus bewegen konnte, war man davongerannt. Am liebsten würde man sehen, wie er jetzt wütet, in seiner Stube. Ja, das absolute Ich kann in große Wut geraten, wenn es merkt, wie lebendig so ein Nicht-Ich sein kann. Das Nicht-Ich kann Scheiben einwerfen, ist ungehorsam, unerbittlich. Harte Realität. Nicht nur der Ball, den das Ich an die

Wand wirft, um es bei der Reflexion aufzufangen. Mit besten Grüßen, Ihre Außenwelt.

*

Mitten im Sommer, da ist Schelling noch Hauslehrer in Leipzig, erreicht ihn ein Brief aus Jena. Unterzeichnet ist er von Geheimrat Goethe höchstpersönlich. Schelling liest, stutzt, liest weiter: »... erhalten hierbei das gnädigste Rescript abschriftlich, das Serenissimus Ihretwegen an die Akademie zu Jena erlassen haben«. Endlich ist er da, der lang ersehnte Ruf! Schelling hält das Dekret mit dem herzoglichen Siegel in der Hand. Nicht eine Bitte hat es ihn gekostet. In Tübingen wollte man ihn nicht haben, die Langeweile dort, sie wäre ohnehin nicht zum Aushalten gewesen, der ganze Ärger, die orthodoxe Reaktion auf die große kantische Revolution. Schon damals hatte er zusammen mit seinen Freunden und Kommilitonen Hegel und Hölderlin das Weite gesucht.

In Jena liegen die Sachen anders: Der Herzog liebt die Wissenschaften, daher hat er sich mit Goethe früh einen Minister an den Hof geholt, mit dem er diese Leidenschaft teilen kann. Und Goethe ist auf die eine oder andere Art und Weise an allen wichtigen Berufungsentscheidungen der Universität beteiligt, so auch jetzt.

Anfang des Jahres hatte Goethe Schellings *Von der Weltseele* gelesen und war begeistert. ›Weltseele‹, das klang wie das lange gesuchte Zauberwort, das die ganze erscheinende Natur, die Geschichte, ja, den gesamten Kosmos umfassen und dadurch vielleicht jene Kluft überbrücken konnte, den der Riss, der so unheilbar durch die Zeit gegangen war, hinterlassen hatte.

Goethe sucht den Austausch mit Schelling, gerade weil er wissen will, was von der Philosophie, mit der er oft genug gehadert hat – zu spekulativ, viel zu abstrakt –, noch zu erwarten ist. Der Großteil der philosophischen Literatur seiner Zeit stößt ihn ab. Da kommt ihm ein Naturphilosoph wie Schelling gerade recht, ihm, der sich unbeirrt für die Naturforschung eingesetzt, ja, die Naturforschung, insbesondere seine Farbenlehre, zeitweise sogar über seine Dichtung gestellt hat. Natur, das ist immer schon Geist, Geist immer schon Natur. Es sind keine Gegensätze, zumindest keine, die nicht in einem höheren Ganzen aufzuheben wären. Mit seiner Entdeckung des Zwischenkieferknochens, den man bis dato immer als Unterscheidungsmerkmal zwischen Menschen und Tieren anführen konnte, hatte Goethe das ja hinlänglich bewiesen. Die uralte aristotelische Vorstellung einer *scala naturae*, eines stufenweisen Aufbaus der Welt, ist wahr, solange man mit einberechnet, dass sich Gestalten wandeln können und keiner vorgegebenen, strengen Hierarchie folgen müssen. Eine Stufenleiter, die vom Anorganischen bis zum Organischen hinaufführt, vom Kleinsten bis zum Größten. Alles Eins.

Thesen, wie er sie nun bei Schelling liest und als seine eigenen wiedererkennt, elektrisieren den Geheimrat. Während er vor seinen Zeitgenossen oft genug als der Denker der Dichter gilt, steht er bei Schelling womöglich vor seinem eigenen Gegenstück, dem Dichter der Denker. Auf einen wie ihn hat er lange gewartet.

Zu Pfingsten beruft Goethe schließlich ein Treffen zu dritt mit Schiller ein, in dessen Gartenhaus. Am großen Steintisch, draußen unter der Pergola, sitzt man lange zusammen, bis die

Sonne untergegangen ist, bis tief in die Nacht. Schelling weiß zu beeindrucken, er hat den Test bestanden, die letzten Vorbehalte sind ausgeräumt. Auch Fichte unterstützt das Anliegen, er will ihn im Sommer in Dresden kennenlernen. Goethe, Schiller, Fichte, sie alle ziehen an einem Strang, um Schelling nach Jena zu holen. Eine bessere Fürsprache kann man sich nicht denken, zumal Schelling nicht einmal habilitiert ist und das Verfahren insofern den akademischen Gepflogenheiten, auf die man an der Universität Jena Wert legt, widerspricht. Nicht einmal Gutachten werden eingeholt.

Am 5. Juli 1798 ergeht der Ruf an Schelling. Zunächst zwar nur als außerordentlicher Professor, als Lehrender ohne Gehalt. Zwei Lehrveranstaltungen muss er künftig pro Semester halten: eine öffentliche Vorlesung und ein Privatkolleg. Muss die Vorlesung unentgeltlich abgehalten werden, kann Schelling für das Privatkolleg Honorar verlangen. Zusätzliches Geld kommt durch die Kollegbögen rein, die wöchentlich in Umlauf gebracht werden. Nur seinen Eltern muss Schelling noch erklären, dass er so bald nicht zurückkommen wird in die schwäbische Heimat. Sie werden enttäuscht sein. Aber wer einmal die Chance hat, in Jena Privatdozent zu sein, kann im verstockten Ländle nur »an die philosophische Wand pißen«.

Noch am selben Tag, an dem er den Ruf in den Händen hält, gibt Schelling seine Hofmeisterstelle bei der Familie Riedesel auf. Seine beiden Zöglinge müssen ab jetzt ohne ihn auskommen. Dresden ruft. Goethe hatte ihm bei ihrem Treffen erzählt, wie sehr er die Antikensammlung und die Galerie am Neumarkt schätzt. Für ihn hat sich der Begriff an der Anschauung zu bilden – nicht umgekehrt.

Ganze anderthalb Monate wird Schelling in der Stadt bleiben und sich auf die Zeit in Jena vorbereiten. Fritz und Wilhelm, Novalis und Fichte können es gar nicht mehr erwarten, ihn zu treffen.

*

Rhetorisch war die erste Vorlesung eine Katastrophe. Vielleicht muss er langsamer sprechen, sich noch besser vorbereiten. Bisher wirkt alles verkrampft.

Bei der Vorbereitung der Sitzungen muss er oft an Caroline denken und ihre Schlagfertigkeit. Erst neulich, bei der Neueröffnung des Weimarer Hoftheaters, sind sie sich schon wieder erstaunlich nahe gekommen. Schiller wurde gegeben, *Wallensteins Lager*. Bilder ziehen vor seinem inneren Auge vorbei: der neue Saal, die Premierenfeier im Anschluss, die nächtliche Heimatfahrt, ohne Wilhelm.

Schelling versucht sich im hohen Ton. Er hat es darauf angelegt, die äußerste Grenze des Denkbaren zu überschreiten, und nimmt wenig Rücksicht auf jene, die nicht wenigstens versuchen, ihm dorthin zu folgen. Schnell spricht er, viel zu schnell, ja, überstürzt, spricht im Grunde nur in sich hinein und lässt den Gedanken, die da über seine Lippen taumeln, kaum die Zeit, sich zu entfalten und allmählich zu sich selbst zu finden.

Während Fichte ein echter Virtuose auf dem Katheder ist, bekannt dafür, seine Studenten in bester aufklärerischer Tradition zum Selbstdenken auf- und zum Mitdenken herauszufordern – wenn auch oft genug zu überfordern –, während der Routinier also permanent den direkten Kontakt zu seinen

Zuhörern sucht, fehlt es dem Neuling Schelling an der nötigen rhetorischen Brillanz, noch mehr an der Offenheit seinem Publikum gegenüber. Fichte spricht nicht eben schön, aber seine Worte sind klar, und sie haben Gewicht: »Denken Sie die Wand«, ruft Fichte seinen Zuhörern entgegen. »Haben Sie die Wand gedacht? Nun, meine Herren, so denken Sie denjenigen, der die Wand gedacht hat« – und stürzt die Anwesenden damit in heillose Verwirrung, da natürlich der Akt, das eigene Ich zum Gegenstand der Reflexion zu machen, nur selber wiederum einen Reflexionsakt hervorrufen kann, und so fort, ein Zirkel, aus dem es kein Entkommen gibt. Das eigene Ich kann kein Gegenstand der Erkenntnis sein, ist nicht objektivierbar, lässt sich nur in einer Reflexion auf das finden, was der Erfahrung immer schon vorausgeht: ›Ich‹ ist in Wahrheit das transzendentale Subjekt. Und der erste spekulative Schritt ist getan.

Schellings Vorlesungen haben nichts von dieser Impulsivität. Düster und geheimnisvoll wirken sie. Ohne Frage: Er hat Bedeutendes zu sagen. Aber es ist schon schwierig genug, bei dieser Geschwindigkeit überhaupt mitzuschreiben. Und trotzdem hängen die Zuhörer an seinen Lippen.

Besonders einer ist von ihm begeistert, ein Norweger, Privatdozent, nicht viel älter als er selbst: Henrik Steffens. Der ist eigens aus Kiel angereist, um bei Schelling zu hören, eine solche Faszination war von der Idee einer Naturphilosophie auf Steffens ausgegangen. Noch am Abend der Antrittsvorlesung hat er Schelling seine Aufwartung gemacht. Die erste Lektion und schon der erste Schüler.

Nach wenigen Stunden ist klar: Nicht nur Steffens, auch die Studenten vergöttern Schelling. Sie verstehen zwar nur das wenigste von dem, was er zu sagen hat, aber genau das zieht sie an, macht ihn für sie so unnachahmlich. Stets flieht sich, was sich finden soll. Ein magischer Kreis, aus dem alles hervorgeht, in den alles zurückkehrt. Mag da draußen die Welt untergehen, auferstehen, Bonaparte siegen oder verlieren, Europa vor ihm niederknien oder sich gegen ihn verbünden – vor der Philosophie Schellings, die eine Philosophie des Absoluten ist, fängt alles zu leuchten an, wird immer heller, bis nichts mehr zu sehen, alles zu klarstem Licht geworden ist.

Schon bald ist jedem in der Stadt klar, woher der Zulauf in den späteren Stunden des Nachmittags da in der Nähe des Stadtschlosses kommt, das dichte Gedränge vor dem Griesbach'schen Auditorium. Wer aus Jena kommt, weiß, dass jetzt die Stunde geschlagen hat, in der Schelling seine Naturphilosophie liest.

Großes Theater:
Die Zeit auf der Probe

Was für ein Kraftakt: Goethe hat noch selbst Hand angelegt, ist von früh bis spät herumgewirbelt. Er spürt die Aufregung so kurz vor der Premiere. Schließlich soll sie der Beginn einer neuen Epoche werden, eines ganz neues Theaters.

Goethe hat die Gunst der Stunde erkannt. Ein Umbau des Weimarer Hoftheaters war zwar schon länger im Gespräch, doch der entscheidende Anstoß fehlte. Erst als der Stuttgarter Architekt Nicolaus Friedrich Thouret für den Wiederaufbau des Stadtschlosses nach Weimar kam, hatte sich die Gelegenheit ergeben. Die Gegenwart eines Baumeisters erregt Baulust.

Seit der Gründung der Herzoglichen Hofschauspieler-Gesellschaft im Jahr 1791 hatte das alte Komödienhaus den Anforderungen einer modernen Theaterarbeit nicht mehr genügt. Es braucht einen neuen Saal für ein neues Theater, einen Raum, der ein gutes, das heißt ein von allen Plätzen gleichmäßiges Sehen und Hören ermöglicht – eine nicht zuletzt technisch anspruchsvolle Aufgabe.

Und Thouret gelingt das Kunststück: Innerhalb kürzester Zeit werden Säulen, Galerien, Balkone, Vorhang gefertigt und was nicht alles geschmückt, bemalt, vergoldet. Kaum drei Monate dauern die Umbauarbeiten. Im Juli begonnen, steht

Mitte August schon das innere Gerippe der Theatereinrichtung. Der Entwurf mutet ein wenig griechisch an. Granitartig bemalte Pfeiler, die das Parterre im Halbkreis umschließen, achtzehn dorische, kannelierte Säulen nach Art des Cipollinos, sogenannter Zwiebelmarmor, im ersten Rang, dazu das aufsteigende Halbrund der Sitzreihen. Der Fußboden wird zuletzt noch abgesenkt, um die Ränge unterzubringen, den Raum zu entlasten. Et voilà! Ende September ist man mit den Umbauarbeiten fertig.

Thouret hat das Versprechen, das er seinem Bauherrn gegeben hat, eingehalten. Der Umbau ist ernsthaft, ohne schwer, prächtig, ohne überladen zu sein. Ab jetzt soll in Weimar dreimal pro Woche gespielt werden: montags, mittwochs und samstags. Für die Wiedereröffnung hat man eine Ausnahme gemacht, die Premiere ist auf einen Freitag angesetzt.

Goethe indes hat noch ganz andere Baustellen zu beackern: Er hat in den Prolog des Premierenstücks eingegriffen. Nicht schwerwiegend, aber immerhin. Er kann nur hoffen, dass Schiller dafür Verständnis haben wird.

*

Das Publikum ist begeistert von dem neuen Saal. Nichts mehr erinnert an das höfische Logentheater der »Liebhabergesellschaft« von einst. Die Linienführung Thourets ist klar, mit dekorativen Mitteln geht er sparsam um. Die barocken Schnörkel sind beseitigt. Nur die Loge des Herzogs hat eine besondere Ausstattung bekommen, ansonsten hat man die Einrichtung schlicht gehalten. Der Raum wirkt durchkomponiert, bis ins kleinste Detail durchdacht. Weder würde man etwas hinwegnehmen noch hinzusetzen wollen – die kürzeste Definition von Klassizität.

Alles, was Rang und Namen hat, ist zur Wiedereröffnung des Hauses gekommen. Auch das berühmte Weimarer *Journal des Luxus und der Moden* berichtet. Das Blatt hat Karl August Böttiger geschickt. Überall steckt der seine Nase rein. »Magister Ubique«, Meister Immer-und-Überall, nennt Schiller ihn, für Schelling ist er gar eine »Schmeißfliege«, die sich auf den gesamten Literatur- und Theaterbetrieb niederlässt. Vor Böttiger hat man gelernt, sich in Acht zu nehmen, seit man mitbekommen hat, dass er ein ausgesprochenes Talent dafür besitzt, den Verlauf eines Gesprächs präzise nachzuzeichnen und literarisch aufzubereiten. Ein Buch über den Weimarer Kreis, so hört man, sei bereits in Arbeit. Ein echter Weimaraner mit Schnüffelnase: Vorsicht ist geboten. Sein Informationsnetzwerk reicht bis in die französischen Emigrantenkreise in Weimar hinein. Auf Veranlassung Johann Gottfried Herders wurde er 1791 Direktor des Gymnasiums und Oberkonsistorialrat für Schulangelegenheiten.

Die Bühne des Hoftheaters gilt in Weimar so viel wie die Kanzel in der Stadtkirche Sankt Peter und Paul, wo Herder als Generalsuperintendent predigt: Sie ist eine moralische Institution. Nur wird Moral hier nicht gepredigt, sondern kritisch hinterfragt. Und während Herder oben auf der Kanzel steht und warten muss, bis endlich Ruhe eingetreten, der letzte Husten verklungen ist, müssen die Zuschauer auf dem Hoftheater nicht zur Ruhe angehalten werden. Es herrscht absolute Stille.

Das Theaterpublikum in Weimar ist dafür bekannt, anspruchsvoll zu sein, sich weder der Mode zu unterwerfen noch sich ängstlich an Bewährtem festzuklammern. Ideale Bedingungen also, um einmal etwas zu wagen, die eigene Zeit auf die Probe zu stellen. Auch darum glaubt Goethe, Weimar mit Schiller endlich den Dramatiker zu geben, den es verdient.

Schelling, Caroline und Wilhelm sind, Goethes Einladung folgend, eigens aus Jena angereist. Wilhelm ist dort in diesem Sommer ebenfalls als außerplanmäßiger Professor an die Universität berufen worden, *sub rosa,* unter dem Mantel der Verschwiegenheit. Dass er bald an der Seite Fichtes und Schellings die philosophischen Höhenkämme erklimmen, Ästhetik und Physik in »Gesang« verwandeln wird, wie es sein Bruder Fritz hofft, schürt Wilhelms Ehrgeiz ungemein. Eines aber macht ihm an der neuen Konstellation zu schaffen. Schelling ist oft in ihrem Haus zu Gast, ein wenig zu oft für seinen Geschmack. In Dresden hatten die drei noch darüber nachgedacht, Schelling könne bei ihnen wohnen, Platz genug gäbe es ja. Und jetzt weiß man nicht einmal, wie man sich auf die Stühle verteilen soll – Caroline setzt sich zwischen die beiden.

Bevor es zum lang erwarteten Höhepunkt kommt, wird zunächst das Vorspiel gegeben, *Die Corsen.* August von Kotzebue ist vor Stolz geplatzt, als er von Goethe erfahren hat, dass man sein Stück zur Eröffnung spielt, und das in seiner Heimatstadt! Er selber sieht sich vor dem Spiegel gern mit Lorbeerkranz. Doch niemand ist gekommen, um diesem Schauspiel beizuwohnen, am heutigen Abend ist etwas ganz anderes angesagt. Ungeduldig irren Blicke durch den Raum, als es endlich vorbei ist. Die Neugier kann den Vorhang nicht zerreißen.

Dann ist es so weit – die ›Dichtkunst‹ erhebt sich, buchstäblich, in die Lüfte: Thouret hat sie in einer allegorischen Darstellung auf den Theatervorhang gemalt. Und während im nächsten Moment schon der Weimarer Hofschauspieler Johann Heinrich Vohs im Kostüm des jüngeren Piccolomini mit sonorer Stimme beginnt, den Prolog vorzutragen, wenig später die ersten Takte des Vorspiels erklingen und auch das letzte Schmettern der Trompeten verhallt, worauf sogleich der Jubel der Soldaten einsetzt, das Feldlager vor Pilsen, über dem die kaiserlichen Fahnen und Standarten in wilder Unordnung herabnicken – hier ein geräumiges Marketenderzelt, ein paar Kram- und Trödelbuden, dort ein Kessel über dem Feuer, um das Kroaten und Kapuziner versammelt sind –, während das Stück also beginnt, sind Schelling und Caroline, wie sie da nebeneinandersitzen zwischen all den anderen geladenen Gästen, in Gedanken schon ganz woanders.

Dann ein kurzer Moment der Stille. Der Vorhang ist gefallen, noch bevor der Chor ausgesungen hat. Das Publikum hält inne – tosender Applaus. Schiller, der am Tag zuvor nach Weimar gekommen ist, um die letzten Proben abzunehmen, stützt sich auf die Brüstung des Balkons. Auch Goethe wird mit Beifall überschüttet. Das Ensemble, da ist man sich einig, hat exzellent gespielt. Alles hat sich zu einem Ganzen gefügt.

Nach der Vorstellung steht man im Foyer beisammen. Gläser klirren. Grüppchen haben sich gebildet. Es geht sofort ans Eingemachte. *Die Piccolomini*, der zweite Teil, soll im Dezember auf die Probe gehen. Insgesamt drei Teile wird es geben, der Stoff verlangt es: Wallenstein, das ist das Schicksal eines bedeutenden böhmischen Generals, die Geschichte eines Konflikts zwischen Gehorsam und Selbstbestimmung, Kaisermacht und Widerstand, zwischen äußeren Zwängen und innerer Freiheit. Man rekapituliert für sich und in Gesellschaft, was jedem aus der Zeit des Dreißigjährigen Krieges in Erinnerung ist, ruft Erzählungen aus der Familie auf, sieht die eigene Gegenwart in der vergangenen auf gespensterhafte Weise gespiegelt und erkennt, wie die »alte feste Form«, der teuer erkaufte Westfälische Friede, durch die gegenwärtigen politischen Ereignisse mehr und mehr in sich zerfällt, in Paris, in Rom, im Grunde schon zerbrochen ist. Kann es überhaupt je wieder Frieden in Europa geben? Und welchen Preis wäre man bereit, dafür zu zahlen? Die Phantasie des Dichters hat die Geschichte zum Sprechen gebracht, düstere Zeiten heraufbeschworen und doch in hoffnungsreichere Fernen geblickt. Die Fäden der Vergangenheit, da liegen sie. Die Zukunft ist noch offen – ungeschrieben.

Einzig Fichte schlägt jetzt und hier über die Stränge. Er nötigt den Umstehenden unentwegt Champagner auf, schüttet die Gläser immer wieder voll. Caroline trifft es besonders hart, gleich vier Gläser müssen es sein. Schelling muss sie aus der Umarmung des sonst gar nicht geschwätzigen Wissenschaftslehrers befreien, der zunehmend die Kontrolle über sich verliert. So selbstvergessen kann die kritische Philosophie sein, wenn sie versucht, die Wirklichkeit ihren Kategorien gemäß zurechtzurücken. Als Fichte um sich schaut, steht er alleine da.

Der Mann des Abends, der Dichter selbst, wirkt angespannt, als er das Haus verlässt. Er will sich nichts anmerken lassen. Aber er fühlt sich, trotz des Erfolgs, von Goethe hintergangen. Der hat in seinen Prolog eingegriffen, nicht unerheblich, zwölf Verse fehlen, zwei sind hinzugekommen, etliche Variationen außerdem, die nicht als Schönheitsreparaturen mit Rücksicht

Pieter Snayers, *Die Schlacht am Weißen Berg*, 1620 (Ausschnitt)

auf Publikum und Bühnengeschehen durchgehen können, wie es Goethe im Voraus brieflich und gestern auf der Generalprobe noch einmal beteuert hat. Dabei hat Schiller bis zuletzt am Prolog gefeilt, die endgültige Fassung erst vergangene Woche nach Weimar geschickt.

Der Prolog ist im Grunde der Schlüssel für das ganze geschichtsdramatische Werk, das Schiller vor Augen steht. Wo steht die Gegenwart in einer aus den Fugen geratenen Zeit? Nun hat Goethe dem Prolog seine radikalen Spitzen geraubt. Wo bei Schiller die »neue Aera« auf dieser Bühne »heut beginnt«, da »erscheint« sie bei Goethe nur noch als eine von höheren Mächten gesandte »Epoche«, als Geschenk von oben. Für die Drucklegung wird er zu seiner, der ursprünglichen Fassung zurückkehren. So einfach darf man Goethe das Feld nicht überlassen. Es gilt das geschriebene Wort. Als Schiller den Platz vor dem Theater überquert, packt ihn das vertraute Gefühl: Man ist sich einig uneinig wie immer.

Irgendwann verabschiedet sich Wilhelm von Caroline. Er will in Weimar bleiben, am nächsten Tag noch mit Goethe sprechen, es geht um das *Athenaeum*. Schelling wird zusammen mit Caroline in die Kutsche steigen und die Nacht hindurch zurück nach Jena fahren. Seit sie in der Dresdner Gemäldegalerie im Sommer zusammen vor der »Sixtinischen Madonna« standen – ein vielsagender Blick, eine kurze Berührung –, fühlt sich Caroline zu ihm hingezogen. Echter Granit sei dieser Mensch, hat sie in einem vertraulichen Moment zu Fritz gesagt. Mauern könne man mit ihm durchbrechen. Mauern, die sie einmal in Mainz gefangen hielten.

Dresdner Kunstpause:
In den Armen der Madonna

Kaum einen Monat ist er zurück in Berlin, da erhält Fritz ein dickes Kuvert aus Jena. Als er es öffnet, erkennt er sofort: Es sind die »Gemäldegespräche«, die Wilhelm und Caroline schon während ihres gemeinsamen Aufenthalts in Dresden begonnen haben: Kunstbeschreibungen und -dialoge, die ihren losen Gesprächen eine literarische Form geben sollten.

Die »Gespräche« lesen sich herrlich, gleich zwei Abende hintereinander studiert er das Manuskript. Klug sind sie gestrickt, ein ständiges Changieren zwischen innen und außen, welches das Gesehene formt und es im Grunde allererst zum Vorschein bringt. Der Veröffentlichung, die man im *Athenaeum* plant, steht nichts im Weg. Die Zeitschrift versammelt Abhandlungen, Briefe, Gespräche, rhapsodische Betrachtungen und aphoristische Bruchstücke. Fritz ist eher für den philosophischen Teil verantwortlich, Wilhelm für die Beiträge zu Übersetzung und Kritik. Das Blatt ist eine Kriegserklärung an die alte Zeit: Was für ›Wahrheit‹ gilt, ist niemals aus Rücksicht auf andere nur halb auszusprechen. Bloß keine flache Einstimmigkeit. Meinungsvielfalt, abweichende Urteile, Konflikt sind nicht einfach zu tolerieren, Fritz und Wilhelm fordern Streit geradezu heraus, erklären ihn zum redaktionellen Prinzip.

So radikal hat sich bisher niemand der Freiheit des Denkens, der Freiheit des Wortes verschrieben. Nicht Goethe, nicht Schiller. Die politische Revolution da in Paris mag gescheitert sein, hier zieht eine andere, eine ästhetische Revolution herauf. Das erste Heft ist im Frühjahr erschienen, das nächste soll in Kürze folgen. Der ideale Ort für eine Arbeit wie diese. Und während Fritz die »Gemäldegespräche« noch einmal liest, sieht er sich augenblicklich zurückversetzt in jene Tage, als sie beschwingt durch die Galerie spazierten.

*

Wie oft schon haben Fritz und Wilhelm die Dresdner Sammlungen im Traum durchwandert. Wer die Quellen der Kunst sucht, hat der berühmte Kunsthistoriker Johann Joachim Winckelmann gesagt, müsse nach Dresden reisen. Hier liegen die Schätze von so vielen Jahrhunderten offen zum Studium aus – in der Antikengalerie unweit der Elbe, im neu eingerichteten Japanischen Palais, ebenso wie in der Gemäldesammlung direkt am Neumarkt, in den umgebauten herzoglichen Stallungen gleich gegenüber vom Residenzschloss. Dresden hat sich zu *der* Kunststadt Europas gemausert, es sei, so heißt es, das »Athen für Künstler«. Sachsen und Attika, so nah.

Seit Schelling, Novalis und Fichte eingetroffen sind, ist Bewegung in die Gruppe gekommen. Wenn die Dresdner Kunstfreunde nicht bei Fackelschein nachts durch die Antikensammlung stapfen, sind sie schon früh morgens da, um die Gemäldegalerie in Besitz zu nehmen. In lockerer, zusammenhangloser Folge: notieren, dozieren, rotieren.

Schelling ist aus Leipzig angereist. Für ihn steht Dresden in einer Reihe mit dem Kapitolinischen Museum, der vatikanischen Kunstsammlung einschließlich ihrer päpstlichen Antikensammlung und der florentinischen Sammlung in den Uffizien. Wie man hört, hat er soeben einen Ruf an die Universität Jena erhalten. Jung ist er, gerade mal dreiundzwanzig Jahre, und schon ein Shootingstar der philosophischen Szene Deutschlands. Die Neugierde auf ihn ist gewaltig, man erwartet Großes von ihm.

Schelling hat angekündig, für einige Wochen zu bleiben. Dresden, das ist noch ein Stück Antike, wo in lebendigen Statuen die alte Welt fortlebt. Schade nur, dass sie so elend ergänzt sind. Im Widerschein der Fackeln, mit denen man die Galerie bei Nacht durchwandert, werden selbst für das ungeübte Auge alle Unebenheiten sichtbar, wie plump die Restauratoren zu Werke gegangen sind, ohne Sinn für anatomische Richtigkeit, ganz zu schweigen von der künstlerischer Anlage der Figuren. Besser wäre es, man würde die Skulpturen als Torsi präsentieren, als Fragmente. Ganz so, wie die Geschichte sie über Jahrhunderte geformt hat.

Novalis ist für eine Stippvisite von Freiberg herübergekommen, wo er seit Ende 1797 bei dem berühmten Mineralogen Abraham Gottlob Werner studiert. Auch Fichte will nicht versäumen, Schelling noch vor Beginn des Wintersemesters seine Aufwartungen zu machen. Voriges Jahr, auf der Herbstmesse 1797 in Leipzig, haben sie sich zum ersten Mal getroffen, nachdem verschiedene Anläufe sowohl in Schellings Studienstadt Tübingen, wo Fichte einmal das Evangelische Stift besucht hatte, als auch zuletzt in Jena, zu Pfingsten, gescheitert waren. Stets hatten sie einander verpasst. Mit seinem zukünftigen

Kollegen will Fichte jetzt in Dresden nähere Bekanntschaft schließen. Alle sind sie begierig darauf, das Wunderkind kennenzulernen, mit ihm gemeinsam die Sammlung in Besitz zu nehmen.

Auch Caroline ist da, sie ist sogar schon Anfang Mai, vor Wilhelm, von Jena aus nach Dresden gereist, zusammen mit Johann Diederich Gries, Übersetzer und Dichter, und in Begleitung der inzwischen dreizehnjährigen Auguste. Am 9. Mai waren die drei in aller Frühe aufgebrochen, voller Vorfreude auf den Sommer. Caroline möchte sich endlich wieder um die schönen Dinge kümmern. Die Dresdener Kunstschätze kommen da wie gerufen: eine Extraration für die Sinne, Marschverpflegung für den Geist.

Eine illustre Gesellschaft also, die da durch den Italienischen Saal stapft, vor Raffaels »Sixtinischer Madonna« stehenbleibt und sich in die Figurenkonstellation vertieft: ein Konzert von einem Bild. Ständig gilt es die Entfernung und den Blickwinkel zu verändern und die Ergebnisse miteinander zu vergleichen. Das geht recht gut, weil das Gemälde nicht, wie sonst üblich, an der Wand hängt, sondern auf einer Staffelei steht, damit die Dresdner Malschüler es kopieren und studieren können. Und ehe man sichs versieht, befindet man sich auch schon in einem Rollenspiel, direkt vor dem Gemälde. Sechs Personen sind im Bilde, sechs davor. Man mimt die Körpersprache der Figuren, den scheinbar gelangweilten Blick der Putten. Und während Wilhelm als Sixtus II. in die Knie geht und zu Caroline als Madonna hinaufschaut, fängt Schelling völlig unvermutet den Gesichtsausdruck des Jesusknaben ein.

Hoppla, was war das? Für eine Kunstpause vielleicht ein

Raffael, *Die Sixtinische Madonna*, 1513

bisschen zu lang. Ein tiefer Blick, eine Berührung. Auch die anderen haben es bemerkt, auch Wilhelm.

Nur Fichte, der sich noch nie richtig für Fragen der Kunst und Ästhetik erwärmen konnte, bleibt unbeeindruckt. Vergoldete Rahmen, gebohnerter Fußboden, pompöse Feierlichkeit – für den Philosophen, der seinen Sätzen am liebsten die Form eines Imperativs gibt, ist das alles nichts. Da steht er, starrt in die Gegend, schleppt sich von Bild zu Bild, von einem Saal in den anderen – lieber würde er Erbsen zählen, als sich mit Kunst beschäftigen. Der Enthusiasmus der anderen prallt gnadenlos an ihm ab. Eine »Schlafkammer der zukünftigen Welt« nennt Novalis die Dresdner Sammlungen. Ja, einschläfernd. Wie recht er damit hat. Fichte gefallen schon eher die Ausflüge in die malerische Landschaft, die zahllosen Täler und Felsgründe, die abgeschiedenen Fleckchen und Dörfer der Sächsischen Schweiz.

*

Die Anlage der »Gemäldegespräche« ist auf den ersten Blick denkbar einfach: Die Kunstliebhaberin Louise ist in Begleitung des Dichters Waller und des Malers Reinhold nach Dresden gekommen. Gemeinsam besuchen sie die Galerie: Louise plaudert ununterbrochen, Waller, eher zurückhaltend, hält sich vornehmlich an die Antiken, Reinhold stapft verdrießlich hinterher. Ein Wort gibt das andere, und im Nu findet man sich, umgeben von den Klassikern der niederländischen Landschaftsmalerei aus dem 17. Jahrhundert, in einer Debatte über die Möglichkeiten und Grenzen der Kunst: Was vermag sie überhaupt im Gegensatz zur Natur, einer Kraft von derart ungeheurer Originalität, die niemals stillsteht, ewig schafft?

Waller hält die Landschaftsmalerei für bloße Nachahmung, die gegen die Größe der Natur nur verlieren kann. Einspruch Reinhold: Für ihn kommt es darauf an, wie der Künstler die Dinge zusammenfügt, mit dem geistigen Auge die ihnen zugrunde liegenden Ideen entdeckt und die Welt dadurch anders, im Grunde neu sehen lernt. Auch Louise versucht, Waller davon zu überzeugen, dass es auf die formgebende Kraft ankommt, auf das Genie, und beginnt die Landschaft zu beschreiben, wie Jacob van Ruisdael sie dem Betrachter mit seinem Gemälde »Jagd« vor Augen stellt: eine durchsichtige Baumgegend auf wasserreichem Moorgrund, glänzende Wolken, halb hinter den Baumwipfeln versteckt, Widerschein und Schatten, helle Buchen, in dunkleren Partien zeigt sich der nahende Herbst, eine Hirschjagd belebt die Szene.

Ruisdael gehört zu den Landschaftsmalern, die verstehen, was sie malen. Die alltäglichsten Dinge bekommen bei ihm einen majestätischen Charakter. Er weiß, wie sich die Wolken bewegen, warum sie wann die Form verändern, sich ausdehnen und zusammenballen, und wie das Licht sich in den Blättern der Bäume bricht. Louise schildert das Bild in seiner nassen Klarheit, die für die Reflexion durchsichtigen Gegenstände, bewundernd spricht sie davon, ohne es zu verklären, über Mängel hinwegzusehen, wirkt doch am Ende alles auch ein wenig unbeweglich und drapiert.

Die Gruppe bewegt sich weiter. Direkt an der Elbe entlang. So einfach ist die Anlage des fiktiven Galerieberichts dann doch nicht gestrickt, wie Fritz bald feststellt: Louise, Waller und Reinhold haben die Galerie längst verlassen, ihr Gespräch im Freien fortgeführt. Ihr Blick schweift über den träge sich dahinschleppenden Fluss. Sie reden nicht nur über Gemälde, sie befinden sich selbst mitten in einem Gemälde – Canalettos »Dresden vom rechten Elbufer unterhalb der Augustusbrücke«. Da unten, im Wasser, spiegelt sich der Turm der Katholischen Hofkirche, daneben die Bögen der Brücke, im Hintergrund ist die Kuppel der Frauenkirche zu sehen. Louise beginnt das Bild mit leichten Strichen in die Luft zu zeichnen. Auch die Ausführungen über Ruisdael hat sie in Wirklichkeit in die Landschaft skizziert, aus Notizen, die sie in der Galerie gemacht hat.

Und so wandern die drei schließlich in ihren Ausführungen noch einmal durch die Galerie, ja, ihr Gespräch wird selbst zu einem Gemälde, einem Gemälde des Gemäldes, gepinselt von der Mehrstimmigkeit der dialogischen Rede, die das Gesehene formt, verdichtet und überhaupt erst sichtbar macht. Louise, Waller und Reinhold fangen an, die Natur, die sie umgibt, mit den Augen eines Künstlers zu sehen. Die Landschaft tritt nicht in Konkurrenz zum Bild im Museum, sie geht vielmehr eine Synthese mit ihm ein, durch die Kraft, die der ästhetischen Anschauung innewohnt: Sächsische Elbauen treffen auf idealtypische Waldlandschaften – Flusskähne und Hirschjagd, Moorgrund und Frauenkirche überlagern sich.

*

Die »Gemäldegespräche« rufen in Fritz die Bilder der gemeinsamen Dresdner Zeit hervor, die überschäumenden Tage. Der praktische Beweis, dass Symphilosophieren funktioniert: das gemeinsame Verfertigen der Gedanken beim Schreiben. Viel hält ihn nicht mehr in Berlin. In Jena, bei Wilhelm und Caroline, Schelling und Fichte, da würde er viel produktiver sein, sich freier fühlen.

Die Wohnung vor dem Oranienburger Tor teilt er sich mit Friedrich Schleiermacher, seit Fritz den Theologen im Salon der Henriette Herz kennengelernt hat, seine zentrale Anlaufstelle, ja, neben seiner Geliebten Dorothea der einzige Trost in dieser staubigen und ermüdenden Stadt. Sie allein können ihm die Entfernung von seinem Bruder und den anderen Freunden, deren Klugheit er vermisst, manchmal erträglich machen.

In Berlin, da herrscht die alte Aufklärung, eine parteiliche Clique, in die Menschen wie sie nicht recht hineinpassen, im Grunde auch gar nicht hineinpassen wollen. Friedrich Nicolai, August von Kotzebue, Garlieb Helwig Merkel, der sich von Weimar aus bereits bemerkbar macht, und wie sie alle heißen. Und so reift in Fritz der Wunsch, ganz wie in Dresden, Wilhelm und Caroline, Schelling, Fichte und Novalis wieder in seiner Nähe zu wissen. Statt der Enge des Berliner Klüngels die Weite der thüringischen Landschaft, wo »Nektar und Ambrosia« fließen. So hat es ihm Caroline immer wieder beschrieben. Wäre doch gelacht, wenn man sich diese Chance jetzt entgehen ließe. Der Plan existiert nicht erst seit gestern. Dresden war erst der Anfang. Es wäre nicht sein erster Aufenthalt in der Stadt. In Jena, so hat man sich überlegt, will man eine Kommune des Denkens gründen, eine Republik der freien Geister.

Zweiter Teil

Das geschenkte Jahr

Schönstes Chaos:
Lucinde oder die Vermessenheit der Liebe

Als Dorothea endlich in Jena eintrifft, findet sie ihren Geliebten in einem beinahe schon pathologischen Zustand der Melancholie. Die Sorge um das Fortkommen seiner Arbeit frisst ihn auf. Meist sitzt er da, kaum ansprechbar, die Ellenbogen aufgestützt, Daumen und Zeigefinger kreisen langsam gegeneinander, von der Stirn abwärts, zwischen den Augen bis zur Nasenspitze. Mal fühlt er einem englischsprachigen Buch auf den Puls, das Wilhelm übersetzt, Shakespeare meistens, gerade liegt *Heinrich IV.* auf dem Pult. Wenige Augenblicke später verrät sein starrer Blick, dass es abermals nicht gelungen ist, ihn zum Schreiben zu bewegen. Den Kopf hält er dann wieder aufgestützt, massiert diesmal die Schläfen, ein unentwegtes Kreisen, bevor er sich erschöpft aufs Kanapee fallen lässt. Dunkle Gedanken, unruhiger Schlaf. Dorothea ist machtlos.

Die Reise nach Jena war eine Tortur. Während Fritz bereits Anfang September in Berlin aufgebrochen war, ist sie noch einige Wochen dort geblieben, um das Sorgerecht für ihren Sohn aus erster Ehe, Philipp, zu regeln. Als sie sich dann auf den Weg macht, sind die Straßen fast unpassierbar. Mehrmals bleibt die Kutsche stecken, die Reisenden müssen raus in den

Regen, damit Gespann und Wagen wieder in Bewegung kommen. Einmal versinken die beiden vorderen Pferde so tief im Morast, dass sie erst nach Stunden mithilfe herbeigerufener Bauern befreit werden können. So geht das Tag um Tag.

Wie oft hat Dorothea sich ihr Wiedersehen vorgestellt. In langen Nächten, in denen sie wach lag und zahllose Briefe an Fritz schrieb, hat sie sich ausgemalt, wie sich die Kutsche der Stadt nähern wird, hinten die Spitze des Jenzig, scharf aus der Landschaft geschnitten, daneben der Turm von St. Michael, sanft gleitet das Auge über das beschauliche Tal und die Stadt hinweg, große Szenen, vor denen sie als Berliner Stadtkind fast schon erschrickt, so bewegend sind sie, erhaben und lieblich zugleich, wie sie dann über den Fluss hinüberfährt, in die Straße biegt, aus dem Wagen steigt, die Pferde ein letztes Mal ausschnauben hört, und Fritz, ihren Geliebten, die Stufen herabkommen sieht, bedächtig, als wäre er gar nicht begierig darauf, sie, die er doch so lange nicht gesehen hat, wieder in die Arme zu schließen, und auch Wilhelm in der Tür erscheint mit Caroline, ihrer innig umworbenen Schwägerin, die sie bisher nur aus ihren Briefen kennt. Mehr als ein Wiedersehen, eine Vereinigung. Und jetzt das.

Dorothea und Fritz halten zusammen, daran liegt es nicht. Es war richtig, Berlin zu verlassen. Bloß gibt es da etwas, Dorothea spürt es, das ihn lähmt; darauf ansprechen kann sie ihn aber nicht. Während Wilhelm jeden Morgen ein Gedicht vollendet und auch alle anderen mit ihren Projekten vorankommen – Tieck schreibt neuerdings an einem dramatischen Werk, *Genoveva*, das er hofft demnächst dem alten Meister Goethe vorstellen zu können, sie selbst, Dorothea, arbeitet an ihrem ersten Roman –, wird Fritz von Tag zu Tag betrübter. Und dann gibt es nicht einmal vernünftigen Wein.

Eines Abends dichtet Fritz Terzinen und läuft für jede, die er zu Papier gebracht hat, aus seiner Stube unterm Dach nach unten in den Salon, immerhin drei Stockwerke, zwei Stufen auf einmal. Ganz außer Atem steht er dann vor ihr, als hätte ihn eine Wespe gestochen. Dorothea weiß gar nicht, wie ihr geschieht. Die Verse gefallen ihr, keine Frage, allein der Auftritt – Fritz fährt sie regelrecht an. Er steht unter Strom: Der zweite Teil der *Lucinde* muss fertig werden. Gnade ihm Gott, sollte das Projekt, das er sich vorgesetzt hat, nicht gelingen.

*

Der erste Teil der *Lucinde* ist eine literarische Revolution. In Weimar wird gerade der Abschluss von Schillers *Wallenstein*-Trilogie uraufgeführt – *Wallensteins Tod*, inszeniert von Schiller selbst, unter der Leitung Goethes –, da erscheint dieses Buch, das weit phantastischer ist, als sich seine Zeitgenossen vorstellen können, ein Text, der partout in seine Einzelteile zerfallen will und doch ständig aus ihnen wiederaufersteht, »wie eine Erscheinung aus einer künftigen Gott weiß wie weit noch entfernten Welt«, meint Schleiermacher.

Was kommt darin nicht alles zusammen: Briefe, Dialoge, Aphorismen, Tagebucheinträge. Die *Lucinde* sprengt die literarischen Gattungen von innen auf, greift nach dem »schönsten Chaos«, um daraus ein »ästhetisches Ungeheuer« zu erzeugen, wie die einen meinen; die anderen feiern den Roman, der sich gar nicht selbst als Roman verstehen will, für seine formale und sprachliche Originalität. Und während Max Piccolomini sich in den aussichtslosen Kampf gegen die Schweden stürzt und fällt, nimmt Julius, die Hals über Kopf in Schlegels Protagonistin verschossene männliche Hauptfigur, den Kampf der Liebe auf, nur um der Leidenschaft – getreu dem Motto: »Wenn die Welt auch eben nicht die beste oder die nützlichste sein mag, so weiß ich doch, sie ist die schönste« – zu erliegen.

Lucinde handelt von der Liebe, dieser verrückten Zeitordnung, die die penible Zeit der moralischen Ordnung austrickst, hinter sich lässt, in der ästhetischen Anschauung überwindet, ja, selbst in der Entfernung voneinander, gerade da, im Moment des Traums, der Phantasie, der Imagination aufhebt. Hier Julius, Liebhaber und Schriftsteller, da Lucinde, Liebhaberin und Nonkonformistin. Plot: Fehlanzeige. Die Handlung des Romans besteht bloß darin, dass sie zusammen die Liebe entdecken als eine Lebensform, welche die althergebrachten Verhaltensmuster unterwandert, die ewige Dualität von Hingabe und Treue, Freundschaft und Ehe, Rausch und Abstinenz.

Geschlechterverhältnisse werden umgekehrt, die unvereinbare Polarität von Mann und Frau löst sich auf. Überladene Weiblichkeit wie übertriebene Männlichkeit – für Schlegel ist beides gleich einseitig, gleich langweilig, gleich rückwärtsgewandt. Die Geschlechter sollen sich wechselseitig ergänzen, um *ein* Geschlecht zu bilden: das menschliche, ein anderes gibt es nicht. Nichts mehr von herrschsüchtigem Ungestüm des Mannes und selbstloser Hingabe der Frau. Man muss die Gegensätze in der Schwebe halten. Die Konsequenzen, die Julius daraus zieht, sind denkbar radikal: »Ich kann nicht mehr sagen, meine Liebe oder deine Liebe; beide sind sich gleich und vollkommen Eins, so viel Liebe als Gegenliebe.«

Caroline ist ganz aufgeregt, als sie Novalis von ihren ersten Leseeindrücken berichtet. Womit soll man dieses Buch vergleichen? All das steht quer zu Vorstellungen von bürgerlicher Ehe, geordneten Verhältnissen, Anstand und Schicklichkeit. Die Liebe verträgt keine äußere Form. Sie ist die Form des Lebens selbst. Liebe und Moralität, Hingabe und Treue müssen keine echten Gegensätze bilden, solange man das eine immer in Wechselbeziehung mit dem anderen betrachtet. Die Romane von Jean Paul fallen Caroline ein, vielleicht, aber mit Jean Paul ist es nun auch wieder nicht zu vergleichen, mit Jean Paul ist überhaupt gar nichts zu vergleichen. Selbst Fichte hat die *Lucinde*, wie Caroline von seiner etwas sehr prüden Frau erfahren hat, schon dreimal gelesen; mit jedem Mal sei sie besser geworden.

Dass Fritz' Roman autobiographische Züge trägt, man in Julius ohne Weiteres Fritz, in Lucinde Dorothea wiedererkennen kann oder gar Caroline, gerät zur Nebensache. Statt einer Beglaubigung des Geschriebenen durch die Wirklichkeit ist deren Durchdringung durch das Geschriebene entscheidend, das auf diese Weise natürlich selber zur Wirklichkeit wird, zu etwas, das durchdrungen werden muss.

Die Folge des ausgeklügelten Spiels, das Schlegel mit seinen Lesern treibt: unendliche Verwirrung. Genitiv-Kaskade reiht sich an Genitiv-Kaskade, wie ein Spiegelbild, das sich in seinem Spiegelbild verliert, wird die Reflexion in die Tiefe des Textes gelenkt und findet dort einen Roman, der sich im Grunde selbst enthält. Genau das ist seine Strategie, weil sie etwas Wesentliches über die Wirklichkeit verrät: Auch sie ist selten so eindeutig, wie man zu meinen glaubt, auch sie geht manchmal auf in einem Flimmern, einem nervösen Oszillieren zwischen den Extremen.

Der Gegenwind aus dem satten, braven Berlin bleibt nicht aus. Der Roman erscheint als Fremdkörper, der in den wohlfeilen Anstand des Berliner Salonlebens hineinplatzt. Schamlos sei er, »schmutziger Unsinn«. Sogar Schiller fällt Fritz in den Rücken, als »Gipfel moderner Unform und Unnatur« verreißt er das Buch. Offenbar hat es einen Nerv getroffen. So benimmt sich nur eine Zeit, die dem Untergang geweiht ist, obwohl sie sich so viel auf ihre Kritikfähigkeit zugutehält. Fritz ist ihr unrettbar weit vorausgeeilt, er weiß es selber. Vielleicht hätte der Roman ja gar nicht gedruckt werden müssen. Zumindest nicht in dieser Zeit. In fünfzig Jahren könnte man ihn vielleicht lesen als einen Roman, von dem man wünschte, er wäre vor fünfzig Jahren erschienen. Die Heftigkeit, mit der Fritz die Reaktionen entgegenschlagen, beweist ihm, dass er auf dem richtigen Weg ist. Und doch lässt ihn das Gefühl nicht los, er könnte über dem zweiten Teil den Kopf verlieren.

*

Schön ist die Stadt nicht, aber Dorothea ist angekommen. Die Finanzen sind nicht üppig, und ganz so gleichberechtigt, wie sie gehofft hat, geht es nicht zu: Während Fritz und Wilhelm tagsüber arbeiten, besorgen Caroline und sie den Haushalt, verköstigen die Gäste. Einen Frühjahrsputz könnte das Haus auch einmal wieder vertragen. Zeit für die schönen Dinge bleibt nur zwischendurch. Caroline beteiligt sich rege an Wilhelms Shakespeare-Übersetzung, an Rezensionen und Abhandlungen, Dorothea arbeitet weiter an ihrem Erstlingsroman, *Arthur* soll er heißen. Immerhin hat sie eine Pension, die Simon Veit ihr monatlich zahlt. Viel hat sie aus ihrer Ehe nicht retten können, außer ein paar Habseligkeiten, die in Berlin zurückgeblieben sind, darunter ihr Klavier. Jetzt heißt es sparsam sein.

Eine solide Partie war der Bankier Simon Veit, den sie 1783 im Alter von achtzehn Jahren heiratete. Bankiers haben in ihrer Familie eine gewisse Tradition. Ihre Mutter Fromet entstammt der Hamburger Kaufmannsfamilie Guggenheim, zu ihren Vorfahren gehören einflussreiche Wiener Hofbankiers, darunter Samuel Oppenheimer. Ihr Vater, der berühmte Philosoph Moses Mendelssohn, hatte die Verbindung eingefädelt, als sie vierzehn Jahre alt war. Eine Ehe ohne Herz und Geist. Veit, uninteressant, berechnend, ungebildet, redet nur vom Geschäft. Kein Vergleich zu dem knapp zwanzig Jahre jüngeren und um so vieles geistreicheren Mann, mit dem sie jetzt beschlossen hat, ihr Leben zu teilen. Zum Glück hat man sich einigen können: Simon hat Dorothea ihren gemeinsamen Sohn Philipp überlassen, zahlt Alimente. Sie hat das Sorgerecht unter der Bedingung erhalten, dass sie sich nicht vom jüdischen Glauben abwendet.

Dorothea lebt vergnügt mit Philipp in ihrem neuen Domizil in der Leutragasse 5 und glaubt, alle Tage klüger zu werden und geschickter. Das Haus – und das liebt sie an ihrem neuen Leben – steckt voller Originale, auch wenn sich viele Leute auf der Straße pikiert von ihnen abwenden, Philister. Ihr soll es gleich sein. Ein solches ewiges Konzert von Witz und Poesie, Kunst und Wissenschaft, das Dorothea in diesem Kreis umgibt, kann sich ohnehin nur vorstellen, wer dabei gewesen ist.

Reibungen allerdings bleiben nicht aus. Allianzen werden

geschmiedet, philosophische Entwürfe zunichtegemacht, kleinere Gehässigkeiten ausgetauscht. Was Caroline angeht, hält Dorothea sich bedeckt. Sie merkt, dass Wilhelms Frau sie, bei aller zur Schau gestellten Liebenswürdigkeit, vom ersten Tag an ständig mustert. Dorothea ist klein – viel kleiner und breiter als Caroline. Oft findet sie, wenn sie in den Spiegel schaut, sich selber gar nicht hübsch: die Augen groß, stark gerötet, irgendwie brennend, das Gesicht verhärtet. Manchmal wünscht sie sich etwas von der »edlen Dreistigkeit«, mit der Caroline – bewundernswerte Gastgeberin, Kunstkritikerin, Alleskönnerin – die Mittagsrunden schmeißt, als hätte sie nie etwas anderes gemacht.

Kant, über den man erst neulich am Mittagstisch wieder gesprochen hat, nennt das »ungesellige Geselligkeit«. Damit meint er eine Art natürlichen Antagonismus, der das menschliche Zusammenleben – ein wüstes Gemenge aus widerstreitenden Interessen – prägt. Der Mensch, sagt Kant, habe einerseits eine Tendenz, sich zu vergesellschaften, »weil er in einem solchen Zustande sich mehr als Mensch, d. i. die Entwickelung seiner Naturanlagen fühlt«, strebe andererseits aber auch nach Vereinzelung, »weil er in sich zugleich die ungesellige Eigenschaft antrifft, alles bloß nach seinem Sinne richten zu wollen«. Und eben hieraus entsteht der Konflikt, die Reibung im gesellschaftlichen Umgang, ein Widerstand, der – bei aller Tragik, die ihm zuweilen innewohnt – etwas durchaus Positives an sich hat, wirkt er doch disziplinierend, mäßigend und kultivierend: Der Mensch muss nämlich einsehen, dass er seine Zeitgenossen, selbst wenn er sie im Grunde gar nicht leiden kann, zur Erreichung seiner Ziele braucht, die nun über kurz oder lang nicht mehr seine eigenen sind, sondern zu gemeinsamen Zielen werden. Und da geschehen nun, wie Kant dialektisch schlussfolgert, »die ersten wahren Schritte aus der Rohigkeit zur Kultur«.

Dorothea, Caroline, Fritz und Wilhelm haben einen Pakt geschlossen, sie nennen sich »Symmenschen«, sie können so gut miteinander »symphilosophieren«, wie sie miteinander »symfaulenzen« können, alles gemeinsam, jeder für sich. Und obwohl Wilhelm immer noch eine unruhige, hastige Art hat, die man ihm, wie Fritz meint, abgewöhnen müsse, verkörpern sie zusammen eine höhere Einheit, für die sie auch in Zukunft streiten wollen. Caroline und Wilhelm, Dorothea und Fritz bleibt nichts anderes übrig. Die Chance ist da: Die Hausgemeinschaft mit Fichte in Berlin hat man gottlob ausgeschlagen. Wenn die deutsche Literatur, die gegenüber den anderen noch so weit zurück ist, in den revolutionären Zustand versetzt werden soll, in dem einer wie Fritz sie gerne hätte, muss man es hier, in Jena, gemeinsam versuchen.

Das eingebildete Subjekt:
Fichte vor dem Gesetz

Welch eine Tortur. Unter der Sonnenhitze hat sich Johann Gottlieb Fichte durch die brandenburgischen Sandwüsten gekämpft, und die stehen den arabischen in diesem Sommer in nichts nach.

Der erste Eindruck, den er von der Hauptstadt des preußischen Königreichs hat, ist ernüchternd: Berlin erscheint ihm staubig und ermüdend. Vor allem wenn man gerade aus Jena kommt und freiwillig dieses Städtchen nie verlassen hätte.

Sein möbliertes Zimmer – »Unter den Linden«, nicht viel teurer, als es in Jena wäre – hat ihm Fritz besorgt; an sich ganz passabel, wenn es nur nicht von Wanzen wimmeln würde. Unter den Tapeten, in den Polstermöbeln, zwischen Bettkasten und Matratze. Beschwert hat er sich schon darüber, bei Fritz, bei seinem Vermieter, alle wiegeln ab, es ist überall in Berlin das gleiche Elend. Sollte er wirklich länger bleiben, braucht er dringend ein neues, reinliches Quartier.

An dem Diener, den er gleich nach seiner Ankunft eingestellt hat, ist zumindest nichts auszusetzen: bescheiden, fleißig, eine gute Hand, mit der er seinem Herrn beim Schreiben und Kopieren hilft. Am wichtigsten ist jetzt, dass Fichtes Tage Struktur bekommen, damit er weiterarbeiten kann. Die Schrift,

Bildtafel aus Guillaume Antoine Oliviers *Entomologie, ou, Histoire naturelle des insectes*, Paris 1789–1808 an der er sitzt, soll den Titel *Die Bestimmung des Menschen* tragen.

Struktur, das heißt für Fichte: um sechs Uhr aufstehen und sofort ans Schreibpult. Morgen und Vormittag sind der Arbeit vorbehalten; die Toilette – Körperpflege, Zopf binden, pudern, anziehen – kann warten bis halb eins. Um eins dann zum Mittagessen in die Ziegelstraße, gleich auf der anderen Seite der Spree. Seit Fritz' Geliebte sich von ihrem Mann, dem reichen Bankier Veit, getrennt hat, lebt sie alleine. Die Ehe wurde erst im Januar geschieden. Außer Fritz sitzt in der Regel Friedrich Schleiermacher, Prediger an der nahe gelegenen Charité, mit am Tisch.

In letzter Zeit kommt man immer wieder auf Schleiermachers gerade erschienene Schrift *Über die Religion* zu sprechen, welcher der kleine, bucklige Theologe den etwas spitzzüngigen Untertitel *Reden an die Gebildeten unter ihren Verächtern* gegeben hat. Schleiermacher ist klar, dass er von denen, die von der Weisheit des Jahrhunderts durchdrungen sind und keiner Ewigkeit mehr bedürfen, kaum Gehör verlangen kann. Vom himmlischen Funken, der alles Tote zum Leben erweckt, alles Farblose zum Leuchten bringt, wollen sie nichts hören. Für Schleiermacher ist Religion weder der Moral noch der Kirche verpflichtet, sondern Anschauung des Universums in seiner Totalität. Fichte weiß nicht recht, was er davon halten soll. Er lässt sich aber gern als Kostgänger aushalten.

Um drei Uhr ist er zurück, liest einen französischen Roman oder was ihm sonst in die Finger fällt, dann, gegen fünf, besucht er die Komödie, fährt hinaus in den Tiergarten oder geht ein paar Schritte vor der Türe auf und ab, die Linden stehen gerade in voller Blüte. Bisweilen unternimmt er mit Fritz, Dorothea und Schleiermacher Ausflüge aufs Land.

Im Grunde hat Fichte, seit er nach Berlin gekommen ist, nur Umgang mit Fritz und seinem Kreis. Fritz war es auch, der frühzeitig Entwarnung gegeben hatte: Solange die näheren Umstände, die zu Fichtes Entlassung und seiner Abreise aus Jena geführt haben, nicht bekannt sind, werde er von offizieller Seite unbehelligt bleiben.

Der Vorwurf, der Fichte in Jena ereilt hatte, war kein geringer: Atheismus. Vor dem Herzog hatte er gedroht, er werde kündigen, sollte er einen Verweis erhalten und die Freiheit seiner Lehre durch diese verleumderische Anschuldigung im Geringsten eingeschränkt werden. Gesagt, getan: Der Verweis kam und mit ihm die Entlassung. Fichte hatte sich verzockt.

Von einem Antrag auf dauerhafte Aufenthaltsgenehmigung riet Fritz dringend ab. Fichte solle angeben, er sei bloß ›auf Besuch‹. Es müsse so aussehen, als brauche Fichte einfach Zerstreuung, ein wenig Abwechslung vom universitären Alltag. Wenn das Gerücht entstehe, er wäre auf der Flucht, würde er sofort zum Stadtgeschwätz – unerträglich. Außerdem solle er erst wenige Tage vor der Rückkehr des Königs kommen.

Friedrich Wilhelm III. gilt als reformorientiert, etwas hölzern im Umgang zwar, aber im Vergleich zu Friedrich Wilhelm II., dem »Dicken Lüderjahn«, der ihm vor zwei Jahren quasi auf dem Totenbett die Regierungsgeschäfte übertragen hat, geradezu ein Charmeur. Wie man hört, wollen er und seine Frau, Königin Luise aus dem Hause Mecklenburg-Strelitz, auf ihrer Reise in Weimar Station machen, um den letzten Teil von Schillers *Wallenstein*-Trilogie zu sehen.

Fritz insistiert: Sollte sich abzeichnen, dass die Behörden Fichte aus der Stadt verweisen wollen, müsse der preußische König persönlich über seinen Fall entscheiden; wo die Freiheit des Wortes bedroht sei, da sei auch die Freiheit des Denkens in Gefahr; Fichtes Fall sei nicht irgendein Fall, er sei Sache des Zeitalters, das so viel auf seine Aufklärung halte.

Am 1. Juli hatte Fichte Jena schließlich verlassen, ohne seine Frau, ohne seinen kleinen Sohn und ohne die Gewissheit, die Stadt je wiederzusehen. Zwei Tage später, am 3. Juli, war er in Berlin eingetroffen, abends, allein, genau wie es ihm Fritz geraten hatte. Wann er Johanna und das Hermännchen nachholen könnte, würde sich zeigen.

Wenn Fichte abends nach Hause kommt, gibt es meist nicht mehr als ein Milchbrötchen, einen Schoppen Médoc dazu, das einzig Genießbare, was sich an Wein auftreiben lässt. Gegen zehn, elf Uhr sinkt er in den Schlaf. Traumlose Nächte sind das. Nur einmal, da träumt Fichte von seinem Sohn, dass er wieder gesund ist, nachdem er zeitweise sogar in Lebensgefahr schwebte, eine Locke von ihm trägt Fichte bei sich, zum Andenken, sollte es wider Erwarten zum Äußersten kommen. Im Traum liegt das Kind friedlich in seinen Armen. Plötzlich aber wird es blass, dehnt sich aus, verformt sich, nimmt skurrile Gestalten an. Grimassen, die Fichte auch morgens noch, wenn er von seinem Pult aus durchs Fenster auf die blühenden Linden schaut, jäh aus dem Denken reißen, als wollten sie ihn verfolgen.

*

Das zentrale Organ der Philosophie ist die Einbildungskraft. Über wenig ist man sich in der Leutragasse so einig wie darüber. Einbildung, das bedeutet nicht Fiktion, Schein, Betrug; es bedeutet, das Unendliche ins Endliche einzubilden, damit die Ewigkeit in der Zeit erscheinen kann. Die Einbildungskraft ist das Vermögen, Gegensätze zu vermitteln, und Gegensätze gibt es gegenwärtig mehr als genug.

Schon Kant hatte sie als Vermittlungsinstanz bestimmt: Sie stellt einen Gegenstand anschaulich vor, ohne dass dieser unmittelbar präsent sein müsste. Sie bringt einen Gegenstand hervor, der nicht unbedingt wirklich da ist. Und gerade aus ihrer doppelten Funktion, etwas Abwesendes anwesend und etwas Anwesendes wieder abwesend machen zu können, resultiert ihre Fähigkeit, Widersprüche zu vermitteln.

Fritz, Wilhelm, Schelling und Novalis setzen in ihren philosophischen und literarischen Arbeiten auf diese Kraft, vertrauen ihrer Elastizität. Sie sind alle in dieselbe Schule gegangen, in die Schule Fichtes. Erst mit ihm ist die Einbildungskraft in den Rang eines philosophischen Prinzips erhoben worden, indem sie das Ich mit dem Nicht-Ich, der Welt, verbindet.

Die Einbildungskraft muss sich nicht für die eine oder andere Seite entscheiden, sie bewegt sich einfach dazwischen. Fichte hat dafür das Bild des Schwebens gefunden. Die Einbildungskraft schwebt zwischen den Gegensätzen, ein feines, kaum vernehmbares Flimmern zwischen Begriff und Anschauung, Verstand und Sinnlichkeit, Geist und Natur, Idee und Erfahrung.

Aber auch Fichte ist in der Bestimmung der Einbildungskraft noch nicht weit genug gegangen. Indem er letztlich den Begriff über die Anschauung, den Verstand über die Sinnlichkeit und den Geist über die Natur stellt, löst sich die ganze

Welt in eine bloße Konstruktion des Subjekts auf. Die Wirklichkeit wird zur Leinwand, auf die das Ich sein Bild der Welt immer schon geworfen hat. Das Ich modelliert die Welt gemäß seiner Kategorien, die Natur bleibt tot. Dabei darf man es nicht bewenden lassen.

Die Einbildungskraft ist nicht bloß, als was Kant und Fichte sie bestimmt haben, eine Funktion des Erkennens. Sie ist eine Form der Wirklichkeit, weil die Wirklichkeit selbst, in ihrem tiefsten Inneren, aus Widersprüchen besteht. Darin sind sich Fritz, Wilhelm, Schelling und Novalis einig. Der bloße Begriff bleibt blind für das Gefühl, der Verstand unempfänglich für Fragen der Lebenspraxis, der Geist zu abstrakt für die Strukturen der lebendigen, organischen Natur. Es muss um mehr gehen, um das Dasein selbst, in seiner ganzen Fülle, mit all seinen Widersprüchen, den Momenten des Scheiterns, wie ja auch die Revolution in Frankreich ihr Scheitern erlebt hat. Ohne Widersprüche gäbe es gar kein Leben. Ohne sie wäre nur Tod.

Während Novalis die Einbildungskraft mit einem ständigen Oszillieren vergleicht, als ginge das Bewusstsein niemals schlafen, vergleicht Schelling sie mit einem ersten Erwachen. Der endliche, menschliche Verstand lebt nur aus der Differenz zwischen dem, was immer schon war, und dem, was gerade erst entsteht. Wir erwachen aus dem Zustand der Selbstverlorenheit wie aus einem Zustand des Todes, sagt Schelling, und sehen uns in die Zeit gestellt, der erste, uneinholbare Akt des Selbstbewusstseins hat sich ereignet, ein Akt, der auf ewig ein blinder Fleck in unserem Bewusstsein bleiben wird. Aber diese, unsere Zeit, diese nicht mehr einzuholende Differenz eröffnet uns im Gegenzug die Möglichkeit, unsere Freiheit zu gebrauchen, das vielleicht größte Geschenk, das uns die Götter gegeben haben, und deshalb auch die größte Aufgabe für uns als Menschen.

*

Die Geschichte, auf die Fichte als akademischer Lehrer zurückblickt, ist vertrackt. Keiner seine Kollegen wird in Jena mehr verehrt als er, niemand heftiger angefeindet. Fichte hat Überzeugungen, und das macht ihn angreifbar: So wie die französische Nation den Menschen von den äußeren Ketten losgerissen hat, soll seine Philosophie ihn von den Dingen an sich losreißen, dem Dogmatismus, und ihn zu einem selbstständigen Wesen machen. Sein System soll das erste System der Freiheit sein.

Als er 1794 den Ruf nach Jena erhält, ist das Pathos, mit dem auch die Studenten die Revolution in Frankreich begrüßt hatten, verflogen. Keine Spur mehr vom Enthusiasmus der ersten Stunde, den Kant als ein »Geschichtszeichen« gefeiert hatte. Die überwältigende Reaktion der Öffentlichkeit, Zeitschriften, die wie Pilze aus dem Boden schießen, der Widerstand gegen die Zensur, ein solches Ereignis, hatte Kant gesagt, vergisst sich nicht mehr. Fichte will den Enthusiasmus von Neuem entfachen. Er will die Revolution zurückholen an die Universität.

Seine ersten Vorlesungen gelten der Bestimmung des Gelehrten: Der Wissenschaftler hat seinen Standort nicht außerhalb der Gesellschaft, seine Aufgabe besteht vielmehr darin, sich in ihr zu bewähren, als Schrittmacher, Aufklärer, Beförderer des Fortschritts. Die Freiheit gilt es nicht nur auf dem

Katheder, sondern auch ganz praktisch zu verteidigen. Die Idee muss Tat werden: Die Universität darf nicht länger eine bloße Schule des Wissens sein, eine einsame Insel, abgeschottet vom Rest der Gesellschaft, sie soll und muss eine Schule des Handelns werden. Theorie und Praxis sind eins. Fichtes Philosophie der Freiheit ist im wahrsten Sinne eine Philosophie der Tat. Mehr gilt es am Idealismus erst mal gar nicht zu verstehen.

Der Funke zündet: Auch für Fichte wird das Griesbach'sche Auditorium, in dem schon Schiller seine Antrittsvorlesung gehalten hatte, bald zu klein. Auf dem ganzen Flur, ja, selbst im Hof drängen sich die Zuhörer, immerhin mehr als die Hälfte der in Jena Studierenden. Bald nennen sie ihn den ›Bonaparte der Philosophie‹. Nicht ruhig wie ein Weltweiser, kampflustig wie ein Krieger steht der kleine, breitschultrige Mann auf dem Katheder, das Haupt in ständiger Bewegung, als würde ein Gewitter losbrechen. Fichte ist nicht nur streitlustig, manche behaupten, er sei regelrecht streitsüchtig. Kein sanftes Wort kommt über seine Lippen. Ein unruhiger Geist, der ständig nach Gelegenheiten zu handeln sucht. Fichte scheint der Welt, die seinem philosophischen Ich gegenübersteht, den Krieg erklärt zu haben.

Nicht nur in den Vorlesungen und den Seminaren debattiert man jetzt wieder über die Revolution und über die Freiheit des Menschen. Auf Fichtes Betreiben hin nimmt auch die »Literarische Gesellschaft der freien Männer«, kurz vor seinem Antritt in Jena gegründet, endlich Gestalt an. Auf der Gründungsversammlung am 18. Juni 1794 wird »Über die in unsern Zeiten hervordämmernde vernunftmäßige Freiheit des Menschen in der Gesellschaft« debattiert. Alle vierzehn Tage versammelt man sich in der Wohnung eines Mitglieds, um einen Vortrag zu hören oder einen Aufsatz zu besprechen, der vorher an alle herumgegangen ist. Auch Niethammer, der Theologe, nimmt in der Regel teil. Bei ihm im Döderlein'schen Haus ist Platz genug, um sich ausgelassene Wortgefechte zu liefern. Paulus, sein Kollege, ist ebenfalls mit von der Partie. Als Johann Smidt, ein Student aus Bremen, einen Vortrag über die veredelnde Wirkung von Festen hält, beschließt man noch am selben Abend, sich alle zwei Monate dem bacchantischen Taumel zu ergeben. *In vino veritas? In veritate vinum!* Ein echter Freundschaftsbund, der bald über die akademische Sphäre hinausreicht: Zwei Tage nach der Geburt seines Sohnes Immanuel Hermann lässt Fichte ein Mitglied des Kreises, Johann Erich von Berger, kurzerhand im Kirchenregister als Paten eintragen. Ohne dessen Wissen.

Sogar einen Mittagstisch hat Fichte eingerichtet. Etwas durchaus Unerhörtes im beschaulichen Jena, wie er und seine Frau Johanna schnell feststellen. Zeitweise versammeln sich bis zu zehn Studenten täglich: Sachsen, Schwaben, Bremer, Oldenburger, Schlesier, Kurländer, Schweizer, Dänen, Franzosen und ein Schotte, alle an einem Tisch. Man tauscht sich offen aus über die neuesten Entwicklungen in Politik, Literatur, Kunst – ein tägliches Journal, gesprächsweise verfasst.

Nicht allen schmeckt solche Freimütigkeit. Einmal, als einer der Teilnehmer die französische Sache ganz unverstellt propagiert – eine Jakobinermütze macht die Runde, die Marseillaise wird angestimmt –, hält es den Schotten nicht mehr auf seinem Stuhl, er verlässt den Tisch, gerade als die Suppe gereicht wird.

Für einen Anhänger der Aristokratie sind die Tischgespräche nicht unbedingt verdauungsfördernd.

Auch gewissen Kollegen ist die Fichte'sche Diskussionskultur ein Dorn im Auge. Seine Philosophie berge unstreitig ein Potenzial für Unruhen, wer wisse, welchen Schaden es einmal anrichten werde. Immer wieder wird Fichte in Vorfälle verwickelt. So, als er vorschlägt, die geheimen Verbindungen mögen sich freiwillig auflösen, natürlich ganz im Interesse der Studenten. Welcher vernünftige Mensch könne sich heute noch ernsthaft duellieren?

Fichtes Initiative ruft heftigen Widerstand unter den Studenten hervor. Man fühlt sich erinnert an die Auseinandersetzung mit den Schokoladisten, dem Einmarsch der herzoglichen Truppen, dem Auszug der Studenten Richtung Erfurt. Um Fichte eine Lektion zu erteilen, wirft man ihm die Fensterscheiben ein. Er flieht mit seiner Familie aus der Stadt, verbringt den größten Teil des Sommers 1795 auf einem weitläufigen Gut in Oßmannstedt, unweit von Weimar, dem ehemaligen Sommersitz der Herzoginmutter. Eine Insel des Friedens und des Glücks, nicht nur für Christoph Martin Wieland, der das Anwesen gut zwei Jahre darauf erwerben wird. Aber die Stimmung in Jena bleibt brisant – ein kleiner Funke, und das Pulverfass explodiert.

Dieser Punkt ist 1799 erreicht: Atheismus lautet der Vorwurf, nachdem das *Philosophische Journal* Fichtes Aufsatz »Über den Grund unseres Glaubens an eine göttliche Weltregierung« im Oktober 1798 gedruckt hat. Wenig ist daran im engeren Sinne ›gottesleugnerisch‹ zu nennen. Fichte wehrt sich schlicht gegen eine allzu simple Anthropomorphisierung Gottes: Man darf Gott nicht als ein persönliches, individuelles Wesen denken, das irgendwo im Himmel thront; er kann nur die moralische Weltordnung sein, nichts anderes; von ihm als einer Persönlichkeit, einem handelnden Wesen zu sprechen hieße gerade, seine Existenz zu leugnen.

Genau fünf Tage dauert es, bis aus dem angrenzenden Sachsen die erste Anzeige kommt: Der sächsische Kurfürst Friedrich August III. ersucht den Herzog Carl August in Weimar, das Heft aus dem Verkehr zu ziehen. Der Aufsatz sei weder mit der christlichen noch mit der natürlichen Religion vereinbar. Man könne nicht zusehen, wie unmittelbar jenseits der sächsischen Grenzen Lehrer von öffentlichem Einfluss versuchten, Gott und Religion aus den Herzen der Menschen zu vertreiben, die eigenen Landeskinder seien in Gefahr: Sollte sich nichts an den Zuständen in Jena ändern, wäre man gezwungen, ihnen den Besuch der Lehranstalt zu untersagen.

Die Anklage ist so alt wie die Philosophie selber: Verführung der Jugend, Leugnung der Götter. Fichte findet sich unversehens in die Rolle des Sokrates gedrängt. Und wie damals liegen die wahren Gründe ganz woanders. Fichte ist für die deutschen Fürsten, Herzöge und Könige ein gefährlicher Autor, ein politischer Vordenker, sträflicher Demokrat, ja, notorischer Jakobiner, eine tickende Bombe. Die Anzeige soll im Grunde ein Schlag gegen das ganze kritische Erbe Kants sein.

Der Druck auf die Weimarer Regierung wächst. Immer mehr Höfe verbieten das *Philosophische Journal* und drohen, ihre Landeskinder von der Jenaer Universität zu nehmen. Für Carl August wird die ›Causa Fichte‹ von Tag zu Tag unberechenbarer. Ihm war dieser Revolutionssympathisant von Anfang an suspekt. Genauso schnell, wie er Goethe damals, als er mit ihm vor Mainz über die Berufungspläne sprach, das Vertrauen geschenkt hat, entzieht er es nun Fichte. Zu viel steht für den Herzog auf dem Spiel. Auch wenn Fichte selber bald eine Verteidigung verfasst, in der er die eigentlichen Vorwürfe gegen ihn benennt, und mehr als zweihundert Studenten eine Bittschrift für die Beibehaltung ihres geliebten Lehrers unterzeichnen: Seine Tage in Jena sind gezählt. Niemand – nicht einmal Goethe – eilt ihm noch zu Hilfe.

*

Kurz nach seiner Ankunft klopft die Polizei bei ihm an. Ein Routinebesuch. Die Stadt ist in unterschiedliche Quartiere aufgeteilt. Jedem steht ein Kommissar vor, den es zu benachrichtigen gilt, sobald man einen Fremden bei sich aufgenommen hat. Ob er sich in Berlin niederlassen wolle.

Wie mit Fritz verabredet, gibt Fichte an, er sei nur zum Vergnügen hier, wie lange er bleiben wolle, könne er nicht sagen. Das kauft man ihm, so scheint es, ab. Aber Fichte weiß, er steht jetzt unter Beobachtung. Deshalb hält er sich in seinen Korrespondenzen lieber bedeckt. Schelling, der auf Mitteilung wartet, muss sich gedulden. Vertrauliche Post lässt Fichte lieber durch Freunde wie Ludwig Tieck überbringen.

Man muss die Briefe, bevor man sie öffnet, dieser Tage ganz genau unter die Lupe nehmen. Man erkennt, ob sich jemand daran zu schaffen gemacht hat. Post, die ihn erreichen soll, am besten gleich an Schleiermacher, in die Charité, bloß nicht an Fritz, dessen Briefe werden ebenfalls gefilzt. So halten Fichte und seine in Jena verbliebene Frau Johanna in der ersten Zeit des Berliner Exils Kontakt miteinander. Zugleich darf Fichte den offiziellen Briefverkehr nicht komplett einstellen, das würde nur Verdacht erregen und die Spürhunde der Administration auf die Fährte setzen.

Die Situation ist ziemlich prekär. Aber Johanna hält trotz aller Unwägbarkeiten zu ihm. Unterstützung, die ihm in Berlin versagt bleibt: Sein Umgang mit Fritz, dessen *Lucinde* als sittenwidrig gilt, geht einigen Salonlöwen gegen den Strich. Man kann nicht verstehen, wieso Fichte einen solchen Umgang pflegt, zumal Schlegel ja in wilder Ehe lebt. Fichte will sich noch kein endgültiges Urteil über den Roman erlauben. Wie dort aber die Gegensätze durch die Einbildungskraft vermittelt werden müssen, gefällt ihm zu seiner eigenen Überraschung ausgesprochen gut. Dreimal hat er die *Lucinde* bereits gelesen, außer seiner Frau aber niemandem davon erzählt.

Und ausgerechnet jetzt haben Fritz und Dorothea beschlossen, nach Jena zu gehen! Wäre es nicht viel besser, Wilhelm und Caroline kämen stattdessen nach Berlin? Ja, Fichte schlägt tatsächlich vor, eine Art Haus-, Denk- und Lebensgemeinschaft zu gründen, wirbt bei allen Beteiligten für seine Idee. Auch Schelling soll dazukommen, warum nicht? Man könnte sich eine große Unterkunft in der Stadt mieten, eine Köchin einstellen, als eine Art Familie zusammenleben. Das akademische Amt wird sich finden. Aber an ihrem Entschluss wollen sie offenkundig nicht mehr rütteln. Dorothea hat sogar schon arrangiert, die Möbel aus ihrer Wohnung zu vermieten. Scheinbar ziehen sie seinen Vorschlag nicht mal ernsthaft in Erwägung – pfff, sollen sie doch sehen, wo sie bleiben!

Dienstbare Geister:
Einmal zum Mond und zurück

Saukalt ist es, als Goethe nach der Premiere der *Piccolomini* im Februar 1799 zusammen mit Schiller nach Jena zurückkehrt. Schnee ist gefallen, kniehoch. Den Wagen zu nehmen scheint aussichtslos. Man entscheidet sich für die jahrestypische Alternative: eine Fahrt mit dem Schlitten.

Wie schon *Wallensteins Lager* – die Eröffnung im vorangegangenen Herbst – sind *Die Piccolomini* ein voller Erfolg. Für den Dramatiker Schiller, für den Spielleiter Goethe, für den umgebauten Saal des Weimarer Hoftheaters, seinen Architekten Thouret. Und das ausgerechnet am Geburtstag ihrer herzoglichen Hoheit Luise, geborene von Hessen-Darmstadt. Nach der Premiere am 30. Januar hat man das Stück auf ausdrücklichen Wunsch des Publikums noch einmal spielen müssen. Was für eine Sensation.

Die Piccolomini gehören zum Besten, was seit Langem auf einer deutschen Bühne zur Aufführung gekommen ist, da sind die Kritiker sich einig. Man kann regelrecht zusehen, wie sich Schillers Verse beim Publikum zu Sinnsprüchen verdichten, verselbstständigen, geflügelte Worte werden: »Dem Glücklichen schlägt keine Stunde.« Eingemummelt in Fellmäntel und Decken, machen sich Goethe und Schiller auf den Weg.

Goethe braucht erst einmal Abstand: Abstand vom Theater, Abstand von Weimar. Dort ist er Geheimrat, Staatsminister, Vertrauter des Herzogs. Nach Jena fährt er als Dichter. Hier kann er konzentrierter arbeiten als am Hof, wo ihn seine Pflichten und die tägliche Gesellschaft von den wesentlichen Dingen abhalten. Schiller hat ihn bereits dafür gerügt, so lange auf dem Gebiet der Poesie pausiert zu haben, das dürfe nicht noch einmal vorkommen, Goethe müsse ein Machtwort sprechen, um sich den Freiraum zu verschaffen, den er braucht. Eine Idee, woran er in der nächsten Zeit schreiben könnte, hat er schon: Er will die Arbeit an seinem Langzeitprojekt, dem *Faust*, wieder aufnehmen.

Ganz pflichtenfrei ist Goethe auch in Jena nicht; sobald er sich nur ankündigt, wird er mit Anfragen überschüttet. Goethe setzt sich für die Belange der Jenaer Universität ein, pflegt die wissenschaftlichen Anstalten und Sammlungen, besonders sein Steckenpferd, die Anatomie, und steht mit vielen Wissenschaftlern in Kontakt. Umso mehr genießt er es, wenn er sich in stillen Stunden in den Turm des Anatomiegebäudes zurückziehen kann, um seinen Studien nachzugehen. Hier hat er mit Justus Christian Loder, dem Leiter der Anatomie, seine große Entdeckung gemacht: Es gibt den Zwischenkieferknochen beim Menschen, nur in einer ganz anderen Gestalt als beim Tier. Er hatte es immer gewusst und nicht bloß geahnt.

Auch um Dinge wie den Ausbau der Straßenverbindung zwischen Weimar und Jena, die dem Regen und den Wasserläufen schutzlos ausgeliefert ist, muss er sich kümmern. Vor einigen Jahren hat er die Nachrichten von den Aerostaten verfolgt, »neumodische Luftkugeln«, mit denen man den Himmel

Zeitgenössische Darstellung des ersten Flugs einer Montgolfière am 19. September 1783 in Versailles unter den Augen von König Ludwig XVI., Königin Marie Antoinette und Benjamin Franklin

bereisen kann. Vor den Augen des französischen Königs haben die Brüder Montgolfier ihr Gefährt in die Luft steigen sehen. An Bord: ein Hammel, ein Hahn und eine Ente, und alle haben überlebt.

Den Tieren sind wenig später Menschen gefolgt. Das ganze Land aus der Vogelperspektive. Die Irrungen und Wirrungen der irdischen Dinge, auf einmal liegen sie ausgebreitet da und werden lesbar. Luftschwimmkunst.

Er selbst hat immer wieder zusammen mit dem Weimarer Hofapotheker Bucholz mit selbst gebauten Montgolfièren experimentiert. Der Herzog höchstpersönlich hatte die Herstellung eines solchen Ballons in Auftrag gegeben. Schon die Versuche im Haus der Herzoginmutter Anna Amalia, einen kleinen Ballon aus Ochsenblasen aufsteigen zu lassen, kamen allerdings nicht weit, was einige von den Mitstreitern nicht darin hinderte, dennoch von einer Reise ins Weltall zu träumen. Einmal zum Mond und zurück. Einmal hin und zurück nach Jena, ohne größere Malaisen, wäre fürs Erste auch nicht schlecht.

Oft verbringt Goethe mehrere Tage hintereinander in Jena, manchmal sogar einen ganzen Monat, fern von Christiane. Zeitweise bekommt man in Weimar den Eindruck, er wohne gar nicht mehr in seinem Haus am Frauenplan und werde niemanden mehr auf der Schwelle mit der aus dunklem Ebenholz gefertigten Inschrift »Salve« willkommen heißen.

Wenn Goethe in Jena ist, übernachtet er meist im Stadtschloss, in einem kleinen, einfach eingerichteten Zimmer im obersten Stock. Seit das Herzogtum Sachsen-Jena wieder seinem Weimarer Nachbarn zugefallen ist – 1690, nach nur achtzehn Jahren, in denen Jena Residenzstadt war –, sind die

Räumlichkeiten anderweitig nutzbar. Seit 1779 beherbergt das Schloss eine Bibliothek sowie Sammlungen unterschiedlichster Art, von denen Goethe die mineralogische, die er zusammen mit Professor Johann Georg Lenz betreut, am häufigsten konsultiert.

Dort, im obersten Stockwerk, wird er später seine Schokolade einnehmen. Goethe liebt dieses heiße, dickflüssige Getränk, seit es ihm der weltgewandte Naturforscher Alexander von Humboldt empfohlen hat. Nirgendwo sonst habe die Natur eine solche Fülle an wertvollsten Nährstoffen auf so kleinem Raum zusammengedrängt wie in der Kakaobohne. Humboldt plant, wie Goethe vor Kurzem erfahren hat, den amerikanischen Kontinent zu erkunden, von La Coruña im äußersten Nordwesten Spaniens soll es über die Kanarischen Inseln nach Caracas gehen und von da an weiter durch die lateinamerikanische Welt. Goethe muss jedes Mal an Humboldts Worte denken, wenn er die heiße Tasse an die Lippen setzt. Eine wahre Wohltat. Wenn nötig, lässt er sich auf Reisen seine Lieblingsschokolade sogar nachschicken, von Riquet aus Leipzig, die mag er am liebsten. Genau das Richtige nach einer solchen Partie durch die schneeverhangene Landschaft. Wirklich saukalt. Am Schloss angekommen, wird er Carl, seinen Diener, gleich um eine Tasse Schokolade bitten.

›Carl‹, so heißen alle seine Diener. Die langen Jahre, die enge Beziehung, da fällt eine Umgewöhnung schwer. Doch während der große Kant, vergesslich, wie er war im hohen Alter, den Nachfolger seines langjährigen Dieners Lampe ständig ›Lampe‹ nannte und sich in sein kleines, schlaues Buch notierte, der Name ›Lampe‹ müsse vergessen werden, macht

Goethe von Anfang an kein Geheimnis daraus, dass er am Namen ›Carl‹ festhalten will.

Die Versorgung mit Trinkschokolade gehört zu den vorzüglichsten Aufgaben seines Dieners. Unverzichtbar ist Carl nicht nur als Helfer auf Reisen, wenn es darum geht, das Reisegepäck in Ordnung zu halten, mit Kutschern und Gastwirten zu verhandeln, Mäntel und Anzüge zu pflegen; unverzichtbar ist er auch beim Sammeln von Objekten, Steine vor allem, beim Diktieren und Kopieren, bei der Führung des Tage- wie des Wirtschaftsbuchs – es gilt, die finanzielle Lage im Blick zu behalten, sollte Seine Exzellenz der Wirkliche Geheime Rat und Staatsminister von Goethe wieder einmal mehr Geld ausgeben als vorgesehen –, kurz: bei allen Aufgaben, die im alltäglichen Durcheinander so anfallen. Schreiber, Sekretär, Chocolatier, die Tätigkeiten gehen fließend ineinander über. Ohne seinen Diener wäre der Universalbeschäftigte aufgeschmissen, überfordert von so viel Universalität.

Für Johann Jacob Ludwig Geist sind diese Dinge ein Klacks. Als er 1795 in Goethes Dienste tritt, verfügt er schon über eine gehörige Portion Selbstbewusstsein, muss nicht wie seine Vorgänger Paul Götze und Christoph Sutor – Götze immerhin siebzehn, Sutor fast zwanzig Jahre im Dienst des Dichters, Staatsministers und Naturforschers – mühsam angelernt und ausgebildet werden. Geist kommt aus dem Schulwesen, beherrscht Latein, hat umfangreiche Kenntnisse auf dem Gebiet der Botanik, sogar Orgel kann er spielen, und das nicht mal schlecht. Schiller nennt ihn »Goethes wackren Spiritus«. Mehr Sancho Pansa als Famulus Wagner. Goethe hat ihm bereits ein Amt im Weimarer Staatsdienst versprochen, sollte er seine

Stellung einmal verlassen wollen, ganz wie es sich für einen treuen Stallmeister gehört.

Alle – Herr, Diener, Kutscher und Schiller – sind an diesem Februartag froh, als sie sich Jena nähern. Selbst die Pferde ziehen den Schlitten schneller, als es den Bergen um die Stadt entgegengeht. Ein Peitschenhieb ertönt und zieht die Luft zusammen.

*

Den Korb hat sie fest geschultert, die Trageriemen schneiden in das Fleisch hinein. Kreuzweise halten die Schnüre die Waren und Pakete zusammen, die aus der übervollen Kiepe zu fallen drohen. Kopftuch, Schürze, Rock, einen zusätzlichen Weidenkorb in der Hand für kleinere Dinge: Früchte, Kräuter, frisches Gemüse. So passiert sie zum zweiten Mal innerhalb der letzten vierundzwanzig Stunden das Örtchen Frankendorf, nordwestlich von Jena. Die umliegenden Dörfer heißen Umpferstedt, Kapellendorf und Hammerstedt.

In der Frankendorfer Schenke macht die Jungfer Wenzel Rast, bevor es in den frühen Morgenstunden weitergeht. Hier kommt sie auf ihrer gut fünfstündigen Wanderung immer her, um den Korb einmal abzusetzen, insbesondere in den Nachtstunden, wenn es empfindlich kalt wird.

Die Jungfer Wenzel hat schwer zu tragen, gern einen guten halben Zentner wiegt der Korb. Vertrauliche Post, Medikamente, Dinge des täglichen Bedarfs – zwei Mal pro Woche ist die Botenfrau damit unterwegs: Dienstags und freitags geht sie von Jena nach Weimar, mittwochs und sonnabends kehrt sie zurück. Obwohl die reitende Post die Strecke viel schneller bewältigt, liegt der Vorteil auf der Hand: Sie kann die Sendungen direkt zustellen, auf einen Brief, den man ihr heute gibt, kann man morgen schon Antwort erhalten. Für die Bauersfrauen, denen dazu in der Erntesaison keine Zeit bleibt, kauft sie Haushaltsartikel und Geschirr auf dem Markt, für Ärzte und Apotheker liefert sie Medikamente aus und für Geschäftsleute Waren an reichere Bürger. Als Lohn erhält sie in der Regel den zehnten Teil des Warenwertes.

Die herzogliche Post ließe die Konkurrenz am liebsten verbieten. Der Einspruch verhallt bei der Regierung. Weimar und Jena sind vom überregionalen Verkehr praktisch abgeschnitten, sie liegen nicht an der Via Regia, dem zentralen Handelsweg des Heiligen Römischen Reichs Deutscher Nation. Leipzig und Erfurt sind wichtige Knotenpunkte, der nächste unmittelbare Zugang liegt bei Buttelstedt, nördlich von Weimar, immerhin zwölf Kilometer entfernt. Die Botenfrauen sind eine unerlässliche Ergänzung zu den Postkutschen, die ohnehin viel zu langsam fahren. Ohne sie blieben weite Teile des Landes postalisch unerschlossen.

Heute hat die Jungfer Wenzel wieder einmal besondere Post dabei: Briefe von dem Herrn Goethe an den Herrn Schiller. So geht das schon geraume Zeit. Und nicht nur Briefe, auch Geschenke, die sich die beiden machen, schleppt sie hin und her. Gerade kommt sie vom Haus am Frauenplan und trägt einen leibhaftigen Hecht im Gepäck. Penetrant zieht der Fischgeruch hinter ihr her und weist, wenn der Wind plötzlich die Richtung wechselt, gut hundert Meter voraus. Sogar Steine aus der Sammlung des Dichterfürsten hat sie nach Jena transportieren müssen, oder Bögen irgendeines Journals, eingepackt in eine leere Schachtel, die sie zuvor mit selbst gebackenem Zwieback aus der Hand der Frau Schiller nach Weimar befördert hatte. Gabe und Gegengabe.

Wie oft musste sie warten, bis die Herren einen Brief gelesen, eine Antwort formuliert und die erwünschte Beigabe herausgesucht hatten. Aber auf sie ist Verlass: Gerade wenn es schnell gehen muss, letzte Abstimmungen vor der Premiere zu treffen sind, leistet die Botenfrau unschätzbare Dienste. Am Ende ist sie es, die den Rhythmus der Korrespondenz bestimmt, den geistigen Austausch zwischen beiden aufrechterhält.

Die Junfger Wenzel nimmt einen letzten Schluck aus dem Krug, der Morgen graut, sie muss sich sputen. Der Weg führt über Hohlstedt und Isserstedt, hinein ins Mühltal, ungefähr eine Meile noch, dann – Jena.

*

Die Zeit, die Goethe in Jena verbringt, kommt nicht nur seinen poetischen Arbeiten zugute, auch seine Studien zur Naturforschung gedeihen hier bestens: Pflanzen, Steine, Wolken, Knochen, alles bewegt sich, alles befindet sich in einem permanenten Übergang, von den einfachen Organisationen aufsteigend bis zu den verwickelteren Formen, Schritt für Schritt, um endlich die verwickeltste von allen, den Menschen, in das Naturganze, das System seiner einzelnen Glieder, einzufügen. Goethe versucht die einzelnen Bereiche der Naturforschung auf eine neue methodische Basis zu stellen. Morphologie nennt er das, die »Lehre von der Gestalt, der Bildung und Umbildung der organischen Körper«.

Dass er hier in Jena derart gut mit seinen naturkundlichen

Studien vorankommt, daran ist Schiller nicht ganz unschuldig. Schiller fungiert als Spiegel, der ihm Dinge zeigt, die er so niemals selbst gesehen hätte.

Die Geschichte ihrer Freundschaft ist die Geschichte einer permanenten Revolution. Stets aufs Neue wird der *eine* Grundkonflikt verhandelt, wie sich Erfahrung und Idee zueinander verhalten. Und wie aller Anfang war auch dieser schwer. Der Knoten hatte sich erst hier, in Jena, gelöst, auf einer Tagung der Naturforschenden Gesellschaft. Fünf Jahre ist das her.

Goethe und Schiller, Ehrenmitglieder der Gesellschaft, sind zu einem Vortrag in der Rathausgasse, im Bachstein'schen Haus, erschienen. Beide sind sie vom Vortrag enttäuscht; als Goethe den Raum vorzeitig verlassen will, steht auch Schiller auf, am Ausgang begegnet man sich, beide quetschen sich durch die enge Tür. Da beginnt plötzlich und unerwartet ein Gespräch: darüber, wie man die Natur nur so zerstückelt betrachten könne, dass man sie vielmehr als ein unteilbares, organisches Ganzes aufzufassen habe – als Leben. Und während sie die Straße hinaustreten, erkennt Goethe auf einmal doch eine Gemeinsamkeit zwischen ihnen: das Interesse für die Natur.

Schiller hat das Tor sprichwörtlich weit aufgestoßen. Und Goethe tritt hinein, stellt ihm nun seine Ansicht vor, wie man die Natur als wirkend und lebendig, aus dem Ganzen in die Teile strebend, nie gesondert oder vereinzelt aufzufassen habe. Sie schlendern die Straße hinunter, passieren das Eckhaus gegenüber vom Rathaus, in dem sich erst vor Kurzem ihr gemeinsamer Freund Wilhelm von Humboldt niedergelassen hat, gehen die wenigen Schritte über den Markt. Ganz anders als damals.

Ihr erstes Treffen im September 1788 in Rudolstadt, arrangiert von Charlotte von Lengefeld, Schillers späterer Frau, war ziemlich zäh verlaufen. Allzu große Erwartungen hatte Goethe ohnehin nicht an ihn gehabt. Schillers *Räuber* waren ihm verhasst. Goethe untersuchte gerade, noch unter dem Eindruck seiner Italienreise, die Metamorphose der Pflanze, wie aus Keim Blatt, aus Blatt Stengel, aus Stengel Frucht, aus Frucht schließlich wieder Keim und Blatt wird. Genauso wenig wie er aber im Garten von Palermo auf die gesuchte Urpflanze gestoßen war, genauso wenig hatte er aus der Welt der Naturforschung irgendeine Rückmeldung erhalten. Auch in Schiller glaubte er damals keinen Verbündeten zu finden. Im Anschluss an das Treffen war das Interesse nicht größer geworden.

Als sie jetzt an Schillers Haus ankommen, ist Zeit vergangen, wie viel, wissen sie beide nicht, dabei wohnt Schiller nur einen Steinwurf weit vom Tagungsort entfernt. Nun stehen sie davor, immer noch im Gespräch, über die Natur und ihr Verhältnis zur Wissenschaft. Erneut öffnet Schiller die Tür, und erneut tritt Goethe hinein, nun aber ganz real.

Über ein altertümliches Wendeltreppenhaus gelangt man in die Wohnung. Erst vor Kurzem, zurückgekehrt aus seiner schwäbischen Heimat, hat Schiller mit seiner Familie das erste und zweite Stockwerk in dem stattlichen dreistöckigen Professorenhaus bezogen und das Gartenhaus in der Zwätzengasse, in dem er die Monate zuvor verbracht hat, aufgegeben. Die zum Markt ausgerichtete Giebelfront schmückt eine schlichte Fassade.

Geräumig ist die Wohnung. An den gekalkten Wänden hängen Scherenschnitte. Sofa und Stühle sind mit gestreiftem

Stoff bezogen. Auf dem Tisch stehen noch Tassen; Bücher und Zeitungen liegen überall verstreut. Und während Schiller sich mit einem Seufzer der Erleichterung darüber, dass dieses Gespräch sich ergeben hat, aufs Sofa fallen lässt, beginnt Goethe mit ausladender Armbewegung seine Ansicht von der Metamorphose der Pflanzen zu skizzieren. Mit wenigen Federstrichen zeichnet er die Lehre nach, lässt eine symbolische Pflanze hier, in diesem Moment, direkt vor seinen, Schillers, Augen entstehen. Der kann wiederum nur mit großer Verwunderung, mit noch größerem Interesse dabei zuschauen, wie sich der Dichterkollege in seinen Vortrag hineinsteigert, schließlich aber schüttelt er den Kopf: Das sei keine Erfahrung, die er, Goethe, da gerade in die Luft gezeichnet habe, das sei eine Idee. Goethe stutzt. Der Punkt, der sie trennt, ist aufs Genauste bezeichnet. Ein Konter muss her. Im Grunde sei ihm das ganz lieb, versetzt Goethe daraufhin, dass er Ideen habe, ohne es zu wissen: Er habe eben Ideen, die man sogar mit Augen sehen könne. Schiller kann ihm da nur beipflichten, das sieht er ein. Keiner kann sich hier als Sieger fühlen, auch wenn beide sich in anderen Situationen gerne als unüberwindliche Autoritäten präsentieren – aber nicht jetzt, nicht bei einem solchen Gegenspieler. Die Differenz zwischen ihnen ist »besiegelt«, das ist entscheidend. Jeder sieht vom Standpunkt des anderen aus nun sehr viel klarer die Positionen, die er selbst vertritt.

Der erste Schritt ist getan. Die Anziehungskräfte zwischen ihnen sind enorm. Man hofft, dass man sich in Zukunft öfter sehen, öfter Erfahrungen austauschen werde und Ideen. Nach jener unverhofften Begegnung scheint es ganz, als komme man ohne einander nicht mehr aus. Spannung erzeugen. Energie konzentrieren. Seit jenem Tag reißt das Gespräch jedenfalls nicht mehr ab, heißt es offiziell Goethe *und* Schiller, agiert man auf Augenhöhe. Seither liegen Jena und Weimar Tür an Tür.

Schlegeln und geschlegelt werden: Literarische Teufeleien

Entweder man bildet sich zum Bürger oder man wird ein Mensch. Clemens Brentano hat sehr klare Ansichten vom Leben, nachdem er lange Zeit nicht wusste, wohin mit sich und der Welt. Auch wenn er erst zwanzig Jahre alt ist, sein Entschluss steht fest: Weder Kaufmann noch Jurist noch Arzt will er werden. Er hat höhere Ziele. Einen Roman will er schreiben und sich zu dem Genie entwerfen, das er in sich schlummern spürt.

Seit er sich gegen eine bürgerliche Existenz entschieden hat, kommt er immer häufiger zum Mittagstisch der Caroline Schlegel. Die Kontakte zu seinen Kommilitonen hat er abgebrochen. Er pflegt jetzt anderen Umgang: Entschädigung für die Zumutungen, die er in der verschnarchten Welt da draußen täglich zu ertragen hat. Hier trifft Brentano – offiziell als Student der Medizin immatrikuliert – Schelling, den berühmten Philosophen, Paulus, den Theologen, den Übersetzer Gries, der aus Göttingen zu Besuch gekommen ist, den Dichter Ludwig Tieck, der zusammen mit seiner Frau den Winter über in Jena bleiben will, Johann Wilhelm Ritter, den bekannten Naturwissenschaftler, oder den Schelling-Apologeten Henrik Steffens. Zeitweilig versammeln sich fünfzehn bis achtzehn Personen um den Tisch.

Caroline hat alle Hände voll zu tun, ihre Kostgänger zu versorgen. Manchmal weiß sie um zwölf Uhr noch nicht, was auf den Teller kommt. Dann müssen Pellkartoffeln und saure Heringe her, ein spärlicher Eintopf tut es im Notfall auch. Sie improvisiert, wo sie kann. Aber Brentano und die anderen kommen nicht wegen des Essens, sondern wegen der gemeinsamen Gespräche – es geht um Literatur oder die neueste Naturforschung, Philosophie und immer wieder Kant –, die Caroline anzukurbeln weiß, sollten sie doch einmal ins Stocken geraten.

Die Betriebstemperatur ist hoch. Ideen drängen sich auf und verflüchtigen sich. Die Zeit zerläuft wie eine Butterflocke in der Pfanne. Nur Gries – »Griesette«, wie er von Caroline am Mittagstisch gerufen wird, wenn er mal wieder träumt – bleibt auffallend still. Bei ihm geht mehr in den Mund herein als herauskommt. Dabei ist er ein durchaus geselliger Mensch, Dichter und Übersetzer, mehr Übersetzer als Dichter eigentlich, vor allem aus den romanischen Sprachen: Dante, Ariost, Tasso und Calderón hat er bisher ins Deutsche übertragen. Keiner – außer vielleicht Wilhelm – kann ihm da das Wasser reichen.

Heute knöpfen sie sich einen ihrer besonderen Freunde vor, man kennt seine Pappenheimer: August von Kotzebue hat es sich nicht nehmen lassen, in seinem neuen Stück die Schlegels frontal zu attackieren. Kotzebue, dieser überaus mittelmäßige Dramatiker, der sich – nur weil er mit seinen Stücken in Deutschland so erfolgreich ist wie niemand sonst – vor lauter Eitelkeit für Goethe und Schiller ebenbürtig hält, versucht ihnen die Stirn zu bieten!? *Der hyperboräische Esel oder Die heutige Bildung* heißt das Stück. In Jena kann man darüber nur lachen: »Sein oder Nichtsein – Ich oder Nichtich – Schlegeln oder geschlegelt werden – das ist hier die Frage.« Eine Szene ist dem *Athenaeum* gewidmet und zeigt, wie Fritz zuletzt im Tollhaus landet.

Was im *Athenaeum* den Stempel der Genialität trägt, bekommt bei Kotzebue den Anstrich der Anmaßung und Rohheit. Kotzebue hasst den Schlegel-Kreis aus tiefstem Herzen – unverständlich, affektiert, von revolutionärem Geist beseelt, und was man in den Berliner Aufklärungskreise nicht alles an Vorwürfen parat hat. Die Merkels und Nicolais mischen bei der Schlammschlacht kräftig mit. Wie man hört, hat Garlieb Merkel in Berlin herumerzählt, der Herzog hätte den Schlegels eine Rüge erteilt wegen des *Athenaeums*. Wilhelm und Tieck schustern noch am selben Abend ein polemisches Sonett auf Merkel: »Kamst du nur darum von den fernen Letten, / Im Dreck der Menschheit überall zu patschen? / Rückkehr' ins Vaterland, um da zu ferkeln. / Journale, fürchtet Merkeln!«

Auch die *Allgemeinen Literatur-Zeitung* intrigiert gegen die Schlegels und lässt vernichtende Rezensionen drucken. Einst federführend auf dem Gebiet des Kantianismus, eine Waffe im Kampf gegen den Dogmatismus, ist die Zeitschrift mit den Jahren selber zu einem Hort des Ressentiments geworden. Nur gut, dass die Ablehnung auf Gegenseitigkeit beruht. Wilhelm, der bereits annähernd dreihundert Rezension für die *Allgemeine Literatur-Zeitung* geschrieben hat, plant seinen Abschied von dem Blatt.

Über das Eselsstück von Kotzebue, ein »Tausendspaß«, kriegt man sich gar nicht wieder ein. Gerade Fritz, den es am meisten treffen soll, amüsiert sich blendend: »Und was ist ein Esel? fragt der Weise. Ein endliches Ding mit unendlichen Ohren.« Irgendwann kommt der Likör auf den Tisch. Was kümmert einen die Welt, wenn man sich zu einem Menschen heranbilden möchte. Darauf stößt Brentano gerne mit den anderen an: Santé! Die Bürger da draußen verstopfen ohnehin nur die Gassen.

*

Ein Jenaer ist notorisch ungelitten in den Mittagsrunden. Wann immer das Gespräch auf Friedrich Schiller kommt, verdreht man die Augen. Wilhelm ist es ein wenig unangenehm, war es doch gerade Schiller, der ihn 1795 eingeladen hatte, zusammen mit Caroline nach Jena zu kommen. Statt Briefe zu schreiben, so hatte Schiller gesagt, sei ein Gespräch unter vier Augen viel angenehmer.

Über Friedrich Körner, Schillers Freund und Gönner, hatte ihn der Brief in Amsterdam erreicht, wo er seit 1791 als Hauslehrer tätig war, ein auf sechs Jahre angelegtes Arrangement – für seine Studien eine insgesamt eher unerquickliche Zeit.

In Amsterdam gibt es keine öffentlichen Bibliotheken, zumindest nichts, was diesen Namen verdient, und die Privatbibliotheken darf er nicht benutzen. Über Fritz erhält er hier und da Novitäten und Exzerpte. Aber Bibliotheken braucht man doch, ohne die kann kein schriftstellerischer Plan gelingen. Am besten versorgt ist Wilhelm noch mit den alten Griechen und Römer, schon wegen des Unterrichts seines Zöglings Willem Ferdinand Mogge Muilman, einziger Sohn des wohlhabenden Kaufmanns und Bankiers Henric Muilman.

Auch als Kunstsammler hat er sich einen Namen gemacht, fast zweihundert Gemälde besitzt er. In seiner Residenz in der Herengracht, in der Wilhelm wohnt, hängen neben der »Dienstmagd mit Milchkrug« und der »Spitzenklöpplerin« von Vermeer unter anderem das Porträt der Elisabeth Bas von Rembrandt.

Wilhelm führt ein komfortables Leben. Die Geschäftsbeziehungen Muilmans erstrecken sich bis nach Indien und Südamerika. Im Hafen werden täglich Waren aus fernen, nie gehörten Ländern ausgeladen, von denen nicht weniges im Haus von Muilman landet. Wilhelm fehlt es an nichts, zumindest nicht im materiellen Sinne. Die Schildkrötenpastete ist allerdings enttäuschend – weder Fisch noch Fleisch.

Um weiter in der gelehrten Welt voranzukommen, beginnt er aus dem Niederländischen zu übersetzen, eine, wie er findet, äußerst plumpe Sprache ohne Poesie, ähnlich dem Plattdeutschen, ein Provinzdialekt, für das Ohr eines Philologen, der an der altehrwürdigen Universität zu Göttingen seine Ausbildung genossen hat, fast eine Beleidigung. Ein Buch über die englisch-niederländischen Seekriege soll es werden, ein Handlangerdienst für die gelehrte Welt. Am Ende erscheint es unter Pseudonym, man kann sich nicht damit brüsten: *Nachrichten zur Aufklärung der Vorfälle während des letzten Krieges zwischen England und Holland*.

Umso mehr war Wilhelm erfreut, als ihn die Einladung Schillers aus Jena erreichte. Proben seiner Dante-Übersetzung waren für eine Veröffentlichung in den *Horen* bereits vorgesehen, ohne dass er näher mit Schiller in Kontakt gekommen wäre, die Vermittlung lief über seinen Bruder Fritz. Schon der schmucklose Auftakt, der erste Gesang aus Dantes »Hölle«, war gelungen: »Als ich die Bahn des Lebens halb vollendet / Fand ich in einem dunklen Walde mich / Weil ich vom graden Weg mich abgewendet.« Von allen Zeiten, allen Begebenheiten, die seitdem vorgefallen sind, redet Dante, als wären sie noch ungeschehen.

Jena, das schien ein zukunftsträchtiges Pflaster zu sein, wenn man in der literarischen Welt etwas bewegen will: Goethe, Schiller, Fichte – viel hatte er darüber gehört. Jetzt gab es den Kontakt dorthin.

Schiller schätzt die Brüder Schlegel als ausgezeichnete Kenner der deutschen und der europäischen Literatur, als kongeniale Übersetzer vor allem der Shakespeare-Dramen, als profunde Philologen. Seit Wilhelm 1789 mit seinen ersten Übersetzungsversuchen des englischen Dramatikers hervorgetreten ist, hat das Projekt einer deutschen Shakespeare-Übersetzung immer deutlichere Konturen angenommen. Mit dem *Sommernachtstraum* fing es an, gefolgt von *Romeo und Julia* – und viel ist auch nach dem *Hamlet* noch zu tun. Doch nicht zuletzt als Mitarbeiter für die vielen Zeitschriftenprojekte, die er unterhält, möchte Schiller die beiden Brüder an sich binden, die *Thalia*, die *Horen*, der *Musen-Almanach*, an der *Allgemeinen Literatur-Zeitung* arbeitet er ebenfalls mit, Zeitschriften, die allerorten in Deutschland gelesen werden und ohne die Schiller finanziell gar nicht über die Runden kommen würde.

Von der anfänglichen Sympathie und Gemeinsamkeit ist nichts mehr zu spüren. Auf die wiederholte Einladung Schillers, Gedichte zum *Musen-Almanach* beizutragen, reagiert Wilhelm irritiert. Goethe möge Schiller nach Belieben einige der »kleinen Gedichte« übergeben, die Wilhelm ihm geschickt hat; bei dem befremdlichen Verhältnis, das zwischen ihnen bestehe, könne er, Wilhelm, kaum glauben, dass es Schiller Ernst damit sei. Damit ist die Sache gegessen.

Mit Goethe spricht man, über Schiller amüsiert man sich. Auch neulich wieder: *Das Lied von der Glocke*, kaum im *Musen-Almanach für das Jahr 1800* erschienen, sorgt für Gelächter, der Text wird regelrecht zerpflückt. Von den Stühlen wäre man beinahe gefallen, so unsäglich ist das, was Schiller da in Papier gegossen hat, pathetisch, unzeitgemäß und überholt, neunzehn tönerne Strophen, durchsetzt mit allerlei in schiefe Bilder eingepacktem Unsinn: »Da werden Weiber zu Hyänen / Und treiben mit Entsetzen Scherz, / Noch zuckend, mit des Panthers Zähnen, / Zerreißen sie des Feindes Herz« – das also ist für Schiller die Revolution. Nur haben sich die ersten Verse jetzt als Ohrwurm eingeschlichen, man bekommt sie einfach nicht mehr aus dem Kopf, die Anfangsstrophe hat sich eingebrannt: »Festgemauer tindererden stehtdieformaus lehmgebrannt...« Zum Verrücktwerden, immer wieder.

Schiller ist im Vergleich mit Goethe einfach zu behäbig, zu freudlos. Auf das Gedicht *Würde der Frauen* hin, auch so eine Lachnummer, schreibt Wilhelm sofort eine Parodie, *Schillers Lob der Frauen*, anders ist es gar nicht auszuhalten: »Ehret die Frauen! Sie stricken die Strümpfe, / Wollig und warm, zu durchwaten die Sümpfe, / Flicken zerrissene Pantalons aus.« Was Goethe an einem Nachmittag zu Papier bringt, wird Schiller selbst in Jahren nicht gelingen, das steht fest. Ein kleines poetisches Licht.

Allerdings muss man aufpassen, dass der Spott nicht an die falsche Adresse gelangt, durchsickert bis nach Weimar. Nichts wäre schlimmer als das: Zieht man öffentlich über Schiller her, verdirbt man sich das persönliche Verhältnis zu Goethe, und an einem freundschaftlichen Verhältnis zu Goethe ist dem Schlegel-Kreis mehr gelegen als an allen literarischen Teufeleien.

*

Die Tafel ist aufgehoben, die Gäste brechen auf, jeder kehrt zurück an seinen Schreibtisch. Brentano macht sich auf den Weg zu Sophie Mereau. Die acht Jahre ältere Dichterin und Professorengattin wohnt in der Jenergasse, nur einen Katzensprung von der Leutragasse entfernt. Auch das ist ein Umgang, den er neuerdings pflegt. Viele Stunden verbringt er täglich in ihrer Gesellschaft.

Im Haus verteilt man sich auf die verschiedenen Stockwerke: Unten Dorothea, eine Treppe darüber Caroline, dann Wilhelm, und Fritz ganz oben unterm Dach. Auf den Nachmittag hat man sich zu einem Spaziergang verabredet. Nur Wilhelm wird zu Hause bleiben. Mit Goethe, der seinen Urlaub beim Herzog verlängert hat, ist er morgen schon wieder zum Spaziergang verabredet. Für die Neuausgabe der *Römischen Elegien* im kommenden Jahr sollen die besonders knittrigen Stellen glattgebügelt werden. Der größte lebende Dichter braucht eine Extraportion Klassizität und kommt dazu ausgerechnet zu ihnen, ins »Wespennest«.

Unangemessen lange Spaziergänge sind das, jeden Morgen von zehn bis ein Uhr. Jedes Mal, wenn Wilhelm vormittags mit

Goethe im Paradies, einem weitläufigen Park direkt an der Saale, auf und ab gegangen ist, immer die zwei Lindenalleen entlang, hin und her, hat er das Gefühl, ihm fallen die Beine ab. Der Länge nach liegt er dann auf dem Sofa hingestreckt und hört Fritz die Treppen rauf- und runterlaufen.

Der Alte vom Berg:
Im Paradies mit Goethe

Gelesen werden will Tieck – und zwar nicht von irgendwem: vom Altmeister aus Weimar höchstpersönlich. Als Goethe Anfang Dezember noch einmal zu Besuch nach Jena kommt, ist es so weit: Tieck erhält die Möglichkeit, ihm seine *Genoveva* vorzustellen. Gerade erst ist sie fertig geworden. Eine dramatische Bearbeitung der gleichnamigen Legende, die Religion, Rittertum und Minne feiert. Wem die eigene Zeit den Rücken zuwendet, der wendet auch ihr den Rücken zu und schaut sich in der Vergangenheit um, nicht unbedingt, um dahin zurückzukehren, eher, um in der inneren Einkehr wieder einen Halt zu finden. Denn wer wie die wegen angeblicher Untreue zum Tode verurteilte Gräfin Genoveva die Zuversicht nicht verliert, den Glauben an ein höheres Schicksal, findet Erlösung aus der Not.

Fritz, Novalis und die anderen kennen das Drama schon. Tieck hat es vorigen Monat bei einem Treffen vorgetragen, bei dem es hoch herging zwischen den Freunden. Im engsten Kreis hat es Sensation gemacht. Wackenroders religiöse Empfindung, Schleiermachers Anschauung und Gefühl, Jakob Böhmes wundersamer Mystizismus: Das Werk ist voll mit literarischen Verweisen und philosophischen Anspielungen, aber die Zuhörer haben verstanden, worum es ihm geht. Tieck ist beruhigt.

Bisher ist er vor allem mit Volksmärchen, Romanen und kunsttheoretischen Aufsätzen hervorgetreten. Nichts Dramatisches im engeren Sinne. *Blaubart, Franz Sternbalds Wanderungen* und die *Herzergießungen eines kunstliebenden Klosterbruders* kennt man von ihm. Seit sein Freund Wilhelm Heinrich Wackenroder, mit dem er die Aufsätze zusammen geschrieben und anonym herausgebracht hat, vor einem Jahr gestorben ist – Typhus, eine höllische Krankheit –, sucht er nach Anschluss im literarischen Leben. Im Haus in der Leutragasse glaubt er ihn gefunden zu haben.

Schon seit dem Sommer treibt er sich in der Stadt herum. Mitte Oktober sind seine Frau Amalie und ihr nicht einmal halbjähriges Töchterchen Dorothea ihm gefolgt. Wenn es nach ihm geht, werden sie mindestens bis zum Frühjahr bleiben.

In der Mittagsrunde von Caroline ist Tieck inzwischen Stammgast, sympoetisiert mit seinen neuen Freunden, liest abends aus eigenen Dramen und Gedichten vor. Man heißt ihn willkommen in dem kleinen Kosmos des Hauses, in dem manchmal, wie aus Versehen, die ganze Welt aufzublühen scheint.

Tieck weiß ihre Freundschaft zu schätzen. Nur die Fehden, das ewige Lästern über Kotzebue, über die *Allgemeine Literatur-Zeitung*, über Merkel, das ständige Hin und Her zwischen Caroline und Schelling, all das findet er unausstehlich. Dann sitzt er stumm da und wartet ab, bis es vorbei ist. Wäre er nicht mit dem Kreis so eng befreundet, er hätte wohl längst eine Komödie geschrieben: Stoff dazu gibt es genug. Dass Dorothea nun auch noch begonnen hat, einen Roman zu schreiben – wie abgeschmackt!

Immerhin haben Novalis und Wilhelm den Kontakt nach Weimar hergestellt und ihn in das Haus am Frauenplan eingeführt. Goethe fand sofort Gefallen an ihm, Tieck hat das genau gemerkt. Nun soll der Altmeister ihn also endlich literarisch kennenlernen, ausführlich, mit einem Text von ganz anderem Kaliber, keinem Märchen, keinem Roman, einem Trauerspiel in fünf Aufzügen.

Diesen Augenblick hat Tieck seit seiner Jugend herbeigesehnt. Sein ganzes Leben schien darauf ausgerichtet zu sein, ihn, Goethe, zu sehen und zu beeindrucken. Einmal in Weimar unter seiner Leitung Theater spielen, auch das könnte er sich vorstellen.

Auf den Abend hat man sich verabredet, im obersten Stock des Jenaer Stadtschlosses. Der Diener Carl hat sich zurückgezogen, man ist ganz unter sich. Goethe sitzt in seinem Sessel, eine Tasse heiße Schokolade vor sich, die Beine in eine Decke geschlagen. Man plaudert über dies und jenes, vor allem über Shakespeare. Tieck fragt Goethe, wie ihm Ben Jonson gefallen habe, den er ihm vor einigen Monaten in Weimar empfohlen hat. Jonson: neben Shakespeare der vielleicht wichtigste Dramatiker seiner Zeit, dieses großen Jahrhunderts der Renaissance. Ein verfluchter Kerl, ein wahrer Teufelskerl, was der nicht alles für Kniffe im Kopf habe, ja, ein Schwerenotskerl. Und während Goethe so versucht, sich irgendwie aus der Affäre zu ziehen – er hat das Werk nur überflogen –, scheint es Tieck, als würde er urplötzlich, er weiß selber nicht, warum, alle Figuren in Goethes Gesichtszügen wiedererkennen: den

Götz, den Faust, den Tasso. Ihm geht es nicht anders als Dorothea, die ihm erst neulich von ihrer Begegnung mit Goethe im Park erzählt hat.

Dann bekommt Tieck das Zeichen zum Anfang, und während er liest, sich langsam in den Text hineinsteigert, hört Goethe zu. Aufmerksam und in sich vertieft verfolgt er jeden Satz. Es scheint, als würde sich das Drama erst im Akt des Vorlesens, in der Dramatik des Vortrags vollenden. Der Raum ist erfüllt von der Stimme Tiecks, der erneut unter Beweis stellt, was für ein begnadeter Vorleser er ist, eine wahre »Lesemaschine«, als die ihn schon die anderen, Caroline und Wilhelm, Fritz und Dorothea, kennen. Das Ohr denkt mit – und denkt den Text zu Ende: »Wie er gestaltet, kann ich niemand sagen / Was ich gefühlt, kann keine Zunge sprechen, / Was seine Engel sungen, darf nicht wagen / Der ird'sche Othem wieder auszusprechen, / Wie wenn nach harten düstern Wintertagen, / Der Frühling durch die Finsternis will brechen, / Und in dem Frühling Frühling sich entzündet, / aus Blumen sich noch eine Blüte windet.«

*

Dorothea hatte schon befürchtet, sie würde den Alten gar nicht mehr zu Gesicht bekommen. Alle anderen kennen ihn, zum Teil seit Langem, Caroline hat ihn vor zwanzig Jahren zum ersten Mal in Göttingen erlebt, Wilhelm spaziert beinahe täglich mit ihm durchs Paradies. Aber sie? Eine Schande, ist es am Ende doch so, als wäre man in Rom gewesen, ohne dem Papst den Pantoffel geküsst zu haben. Dabei hatte Tieck erst vorhin zu ihr gemeint, man müsse den Geheimrat in Jena sehen, in

Jena sei er ganz anders als zu Hause in Weimar. Aber wenn Goethe in Jena ist, dann hockt er ständig bei Schiller, und der habe, wie man hört, beschlossen, Jena zu verlassen. Dorothea kann das gar nicht recht sein: Zwar kann auch sie Schiller nicht leiden, doch sollte er nach Weimar ziehen, bekommt man Goethe womöglich gar nicht mehr zu Gesicht.

Jetzt aber, während sie mit den Freunden am Fluss entlangspaziert, um sich von der Rede zu erholen, die Novalis ihnen gerade zugemutet hat – es ging um die Idee einer neuen Christenheit, die Vision einer wiedergeborenen Gemeinschaft von Katholiken und Protestanten aus dem Geist des Mittelalters –, glaubt Dorothea dort, unter dem heiteren, leicht beflockten Himmel dieses Nachmittags jemanden zu erkennen. Unruhe ergreift sie. Hatte davon nicht Novalis gerade gesprochen: dass nichts zur wahren Religiosität unentbehrlicher sei als ein Mittelglied, das uns mit Gott verbindet, seine sinnliche Erscheinung?

Dorothea prescht voran, Fritz kann ihr kaum folgen, den Rest der Gruppe hat sie schon einige Meter hinter sich gelassen, Tieck und Wilhelm abgeschüttelt, Novalis und sein Bruder Karl trotten verdattert hinterdrein. Goethe versucht noch, dem großen Auflauf zu entkommen, doch zu spät: ein kurzer Blick in die Runde, Komplimente wechseln den Besitzer. Wie schön es jetzt wäre, mit ihm allein zu sein.

Erst traut Dorothea sich nicht, das Wort an ihn zu richten. Aber bevor sich gar kein Gespräch ergibt, ist es vermutlich besser, auf ihn einzureden: Die reißenden Ströme der Saale kommen ihr in den Sinn, die Holzflößer auf dem Fluss.

Goethe zeigt sich umgänglicher, als sie nach den Erzählun-

Giulio Romano, *Der Olymp*, Deckenfresko im Palazzo del Te, Mantua, 1526–35 (Ausschnitt)

gen der anderen erwartet hat. Er begleitet sie sogar den Berg hinauf, dorthin, wo er gerade hergekommen ist. Mit gleichmäßigem, etwas schwerem Schritt, die Hände hinter dem Rücken verschränkt, schreitet er neben ihr. Und während er beginnt, sie über die Gegebenheiten der Region zu unterrichten, den Lauf der Saale, das Flößergeschäft, kann sie, aufgewachsen mit dem Goethe-Kult der Berliner Salons – »Goethe-Sklaven« hatte Friedrich Nicolai sie und die anderen Salondamen genannt, die Goethe ebenso begeistert wie sie gelesen hatten, damals in Berlin –, gar nicht richtig zuhören, was er sagt, all seine Gedichte, die sie auswendig kennt, kommen ihr in den Sinn. Auch an Wilhelm Meister muss sie denken, dem Goethe, wie ihr nun scheint, sogar ein bisschen ähnlich sieht. Überhaupt glaubt sie in seinen Augen all seine Figuren wiederzuerkennen: den Götz, den Faust, den Tasso. Wenn er bloß nicht so korpulent wäre. Goethe sieht aus wie ein Frankfurter Weinhändler, derart fett ist er geworden. Irgendwie aufgequollen.

Nach einer halben Stunde – Dorothea kommt es vor wie eine Ewigkeit – ist die Audienz beendet. Als sie zum Abschied seine Hand ergreift, tropft ihm vom Kinn der Schweiß wie Wassersuppe.

*

Erst durch die Mitternachtsglocken wird die Stille im Raum wie durch ein fernes Donnergrollen unterbrochen. Es ist bereits tief in der Nacht, als Tieck das Manuskript beiseitelegt. Beide haben die Zeit vergessen.

Die Trinkschokolade, die vor Goethe auf dem Tisch steht, ist kalt geworden. Die Milch hat eine Haut bekommen. Durchs

Fenster, das einen Spaltbreit geöffnet ist, dringen die Schläge der Turmglocken. Nicht zehn, nicht elf, tatsächlich: zwölf. Wahr ist allein, was sich der Herrschaft der Zeit widersetzt, ihrer Art, sich auf die immer gleiche Weise um sich selbst zu drehen, tagein, tagaus.

Vier Stunden haben sie beisammengesessen, zwischen sich nichts als den Text und die Stimme, *Leben und Tod der heiligen Genoveva*. Den zweiten Teil muss man wohl oder übel auf den kommenden Abend verschieben, obwohl Goethe schon angekündigt hat, dass sie morgen nicht allein sein werden. August, sein neunjähriger Sohn, wird ihnen Gesellschaft leisten. Goethe wird morgen ein paar Einwände machen, viel ist es nicht, das Stück hat ihm gefallen. Der junge Dichter wird es sich zu Herzen nehmen.

Tieck verabschiedet sich, auch er wirkt geschafft. Von draußen dringt der Gesang der aus den Kneipen heimkehrenden Studenten. Es zieht.

Intermezzo:
Das vertagte Jahrhundert

Was für ein erhebender Gedanke: Der Jahrhundertwechsel steht bevor, der Beginn einer neuen Zeit. Welche Wucht die Kanonenschüsse haben, welche Worte die Einladungskarten zieren, welche Predigten in den Gottesdiensten gehalten werden – alles will präzise durchdacht sein. Ein Irrsinn: Die Sieben geht in die Acht über.

In gelehrten Kreisen ist ein Streit darüber entbrannt, wann das neue Jahrhundert denn nun beginnt: Am 1. Januar 1800? Oder gehört das Jahr 1800 noch zur alten Zeit? Ein Streit, der es bis an die Höfe schafft, zum Tagesgespräch wird. Meint die eine Partei, dass die Zäsur erfolgt, sobald man »1800« auf den Briefkopf schreiben könne, besteht die andere darauf, dass man sich bis 1801 gedulden müsse, schließlich sei die Jahrhundertwende mehr als ein kalligraphisches Ereignis.

Die Nullisten können es gar nicht glauben: Was, Eins? In der Acht liegt es! Achtzehnhundert, das fängt ja offenbar mit »Acht« an; ein Jahr später sind die Finger längst daran gewöhnt zu schreiben und der Mund daran zu sprechen: achtzehnhundert. Muss da nicht jedem, der nur ein bisschen Verstand hat und einen Sinn für die elementaren Unterschiede des Lebens, klar sein, dass mit den zwölf Glockenschlägen am 31. Dezember

1799 der große Wendepunkt erreicht ist, den man in dieser Weise kein zweites Mal erleben wird?

Die Gegenseite lassen solche Argumente kalt. Sie hat Spitzfindigkeiten ganz anderer Art zu bieten. Angenommen, das 19. Jahrhundert hätte beim 18. Jahrhundert Schulden, sagen wir: 300 Taler. Hätten die Nullisten mit ihrer Ansicht recht, dann wären nach eben dieser Logik lediglich 299 Taler zurückzuzahlen: Wer das achtzehnhundertste Jahr schon zum neuen Jahrhundert rechne, der müsse auch den dreihundertsten Taler zum folgenden Hundert rechnen, und also müsste sich die Schuldsumme entsprechend reduzieren. Das 19. Jahrhundert würde das 18. Jahrhundert glatt um einen Taler betrügen. Sieht so etwa historische Gerechtigkeit aus?

Auf diese Weise geht es hin und her. Georg Christoph Lichtenberg hatte im *Göttinger Taschen Calender* schon im vorigen Jahr eine »Rede der Ziffer 8« im großen Rat der Zahlen veröffentlicht. Präsidentin des Gremiums ist die Null, Statthalterin der Ewigkeit.

Es gilt zu klären, wann man den Geburtstagsschmaus des neunzehnten Jahrhunderts halten kann: An dem Tage, an dem sie, die Ziffer 8, auf die Bank der Hundert tritt? Oder – nachdem sie ein Jahr lang dort gesessen hat – erst, wenn die Eins das Geschäft der Einer übernimmt? Die Frage muss die Ziffer 8 interessieren, immerhin steht ihr erstes Regierungsjahr mit Hunderter-Rang auf dem Spiel, eine Ehre, die nicht oft vergeben wird. Für die 8 ist es geschlagene 900 Jahre her, genauso viel Zeit wie zwischen Beginn der Zeitrechnung und dem Ende ihrer ersten Regierungszeit vergangen war. Das Herz blute ihr bei dem Gedanken, dass sie ihr Antrittsjahr wahrscheinlich noch an das vergangene Jahrhundert abzuliefern habe. Dabei könne es der Auftakt desjenigen Jahrhunderts sein, in dem sich die Anzahl der Planeten verdoppeln, der Trabanten und Metalle vervierfachen wird, in dem die Luftschlachten der Völker sich zu den Land- und Seeschlachten der Vergangenheit wie 580 zu 1 verhalten, in dem die Zeitungsschreiber von Paris und Hamburg ihre hundertfüßigen Teleskope gen Himmel richten werden, in dem man die hoch vorübersausenden Helden und ihre Sänger wie Raubvögel und Lerchen aus der Luft wird stürzen sehen.

Die Frage, wann das Jahrhundert beginnt, ist älter als der Streit, den man gegenwärtig führt. Im großen Nachbarstaat Preußen hat man vor hundert Jahren, als die Fronten ähnlich verhärtet waren, entschieden, dass das 18. Jahrhundert am 1. Januar 1701 anfängt, schon allein weil man am Berliner Hof die Königskrönung und den Aufstieg Brandenburgs als Zeichen einer neuen Zeit verstanden wissen wollte. Das erste Heldenstück des 18. Jahrhunderts: ein ganzes Königreich mit Friedrich I. an der Spitze. Am 1. Januar 1801 steht das hundertjährige preußische Krönungsjubiläum bevor, mit König Friedrich Wilhelm III. und Königin Luise an der Spitze. Auch die päpstliche Kurie hat damals für 1701 votiert. In Frankreich indes, wo seit nunmehr acht Jahren der Revolutionskalender gilt, interessiert sich gleich niemand für solche Fragen. Man befindet sich mitten im Nivôse, dem ›Schneemonat‹, und schreibt das Jahr VIII der Republik: das achte Jahr, in dem Freiheit, Gleichheit und Brüderlichkeit gelten auf französischem Boden.

Die Nullisten werden auch diesmal überwunden und müssen sich den Argumenten der Gegenseite beugen. Um die Hundert vollzumachen, darf die Hundert selbst nicht fehlen. Die zwölf bedächtigen Schläge um Mitternacht kündigen noch nicht den Anfang des neuen Säkulums an, aber das Ende des alten. Das Jahrhundert ist vertagt.

Geschichte wird gemacht:
Schiller und der Sturm auf die Salana

Die Kisten sind gepackt, die Kästen verladen. Kräftezehrend waren die letzten Wochen für die Schillers. Nicht allein des bevorstehenden Umzugs wegen. Im Oktober ist Lolo niedergekommen. Das Kind – Caroline heißt es – ist wohlauf, aber die Mutter hat viel Blut verloren. Von Fieber geschüttelt, lag sie im Bett, ihr Zustand war so kritisch, dass der Arzt sie fast aufgegeben hatte. Inzwischen hat sie sich erholt. Nicht auszudenken, hätte sie das Wochenbett nicht überstanden.

Schon damals, als er von seiner Stadtwohnung am Löbdergraben ins Gartenhaus an der Leutra gezogen war, hatte Schiller einen Umzug nach Weimar erwogen, der leichteren Luft wegen, er wollte mehr Bewegung haben, nicht zuletzt Goethe näher sein und dem Theater. Nachdem nun im Frühjahr auch der dritte und letzte Teil des *Wallenstein*-Dramas, *Wallensteins Tod*, über die Bühne gegangen ist und von allen Seiten Applaus empfangen hat, im Juli sogar vom preußischen Königspaar, das sich schlicht geweigert hatte, die Berliner Aufführung zu besuchen – Weimar, nur Weimar komme dafür infrage –, nach diesem Erfolg hatte der Herzog den Wunsch geäußert, Schiller möge sich dauerhaft in Weimar niederlassen. Am besten noch in diesem Jahr, noch vor dem Winter. Und jetzt ist das dritte

Kind da. Charlotte von Kalb, die Schiller schon als mittellosen Mannheimer Theaterdichter kannte, hat ihnen angeboten, ihre Wohnung in der Windischengasse zu übernehmen, sogar möbliert.

Zurück also an den Hof, in ein Milieu, vor dem Schiller vor so vielen Jahren in Württemberg geflohen war. Er kann sich noch gut an die Nacht damals erinnern: Während der Herzog zu Ehren des russischen Großfürsten Paul und seiner Gemahlin, einer Nichte des Herzogs, ein Fest gegeben hatte, die ganze Stadt in Aufruhr war, vornehme Menschen, wohin das Auge blickte, Feuerwerk am nächtlichen Himmel über Stuttgart, dem Schloss Solitude, hatte er, Schiller, der bereits für sein Debüt auf dem Theater deutschlandweit gefeierte Dichter, seinen längst gefassten Plan umgesetzt und Fahnenflucht begangen. Wie soll man dichten in einem Land, in dem einem die Gedankenfreiheit fortwährend abgesprochen wird. Einen Freund hatte er dabei, Andreas Streicher, der auf dem Weg nach Hamburg war, um beim berühmten Carl Philipp Emanuel Bach Klavier zu studieren. Er selbst wollte nach Mannheim. Schon einmal, zur Uraufführung seiner *Räuber,* hatte er sich dorthin geflüchtet. Jetzt wollte er Dalberg, dem Intendanten des Mannheimer Nationaltheaters, sein neues Stück vorlegen: *Die Verschwörung des Fiesco zu Genua.* Adieu, Lebewohl. Nun also Weimar, Goethe, zurück in die Arme des Herzogs.

*

Nichts ist dem Zufall überlassen, gar nichts. Der erste Stich geht an ihn, Schelling. Immer sonnabends sitzt er mit Schiller und Niethammer zusammen und spielt Karten. »L'hombre«

heißt das Spiel, das in Spanien im 14. Jahrhundert entstanden sein soll und in so unterschiedlichen Varianten existiert, dass man sich anfangs gar nicht auf die Regeln einigen konnte.

Schelling redet nicht viel, wenn er spielt, nestelt ständig an seinem Taschentuch herum. Ohne eine Miene zu verziehen, knallt er die Karten auf den Tisch. Schiller und er haben sich kaum mehr etwas zu sagen. Die Begeisterung, mit der er, Schelling, gleich am Tag seiner Ankunft zu ihm geeilt war, ist verflogen. Mittlerweile sieht man sich – zur »Schande der Philosophie«, wie Schiller selbst einmal einräumen musste – nur zum Kartenspiel oder wenn sie gemeinsam Goethe treffen.

Der Geheimrat ist neben dem Kartenspiel das einzige Interesse, das sie noch teilen. Wenn die drei zusammenkommen, sprechen sie meist über Naturforschung im Allgemeinen und Magnetismus im Speziellen. Auch Schleiermachers Reden *Über die Religion* haben sie neulich diskutiert. Goethe konnte sie zunächst gar nicht genug rühmen, schließlich aber, als er merkte, dass der Text zum Ende hin immer christlicher wird, hat er sie nur desto entschiedener abgelehnt.

Beim letzten Treffen sind sie seine, Schellings, Einleitung in den *Ersten Entwurf zu einem System der Naturphilosophie* durchgegangen, Seite für Seite. Der Text erforderte Goethes ganze Aufmerksamkeit. Ein ungeheurer Zuwachs, auf allen Seiten. Goethe jedenfalls konnte Schelling für seinen eigenen Ansatz gewinnen, während Schiller merkwürdig still blieb. Weltseele und Metamorphosenlehre nähern sich Stück für Stück an. Ein kleiner Triumph, obgleich Schelling weiß, dass Goethe der Philosophie misstraut, zumal dem in Jena vorherrschenden Idealismus. Zwischendurch gab auch Schiller etwas zum Besten. Sein neues Stück heißt *Maria Stuart*, ein Trauerspiel in fünf Akten. Wie schon zuvor beim *Wallenstein*-Drama handelt es sich um einen gesättigten historischen Stoff. Den ersten Akt hat er bereits vollendet, der zweite soll bald folgen. Die Arbeit am *Musen-Almanach* verschlingt gerade Schillers gesamte Zeit. Ein wenig Zerstreuung beim Kartenspiel kommt da wie gerufen.

Als Schiller und Niethammer sich vom Spieltisch erheben, ist Schelling ausnahmsweise einmal vergnügt. Auch die letzte Runde ging an ihn. Nichts bleibt dem Zufall überlassen, wenn man genügend Vorstellungskraft besitzt, um die unterschiedlichen Spielverläufe vorwegzunehmen und im richtigen Moment seinen Trumpf auszuspielen.

*

Am 3. Dezember 1799 verlässt Schiller mit seiner Familie Jena. Ein Abschied für immer. Außer zu kurzen Aufenthalten kann er sich nicht mehr vorstellen, an seine frühere Wirkungsstätte zurückzukehren. Der Bund mit Goethe, mit Weimar, dem Herzog ist besiegelt.

Kein Ort wird für ihn je wieder das sein können, was Jena und seine Umgebung für ihn war. Zu eng sind die Fäden geknüpft, seit er das erste Mal vor mehr als zwölf Jahren das Universitätsstädtchen betreten hat. Ein Jahr später dann die Antrittsvorlesung, der Umzug ins Griesbach'sche Auditorium, der Jubel. Der Titel der Vorlesung, selbst wie ein Gedicht: »Was heißt und zu welchem Ende studiert man Universalgeschichte?« Gut kann er sich noch an den Moment erinnern, als er den Saal betrat. Hierhin, in unmittelbare Nachbarschaft zum Stadt-

Albrecht Dürer, *Nemesis oder Das Große Glück*, 1501 / 02

schloss, war man vom Ende der Johannisgasse aus gezogen, nachdem sich das Auditorium seines Vorgängers Reinhold als zu klein erwiesen hatte.

Aus dem Fenster hatte er Trupp für Trupp die Straße heraufziehen sehen, es wollte kein Ende nehmen. Glücklicherweise war ein Schwager Griesbachs unter den Zuhörern. Der Vorschlag kam, den Hörsaal zu wechseln, das Schauspiel begann: Alles stürzte die Johannisgasse hinunter, eine der längsten Straßen Jenas vollständig von Studenten übersät. Man lief, so schnell die Beine trugen, um einen guten Platz zu bekommen. Die ganze Stadt war in Alarm.

Nach einer kurzen Weile folgte Schiller, von Reinhold begleitet, dem Strom der Studenten nach und trat in den Innenhof des Gebäudes. Gedränge, Gewühle, Geschiebe. Fensterbänke, Vorsaal und Flur bis an die Haustür sind besetzt. Auch ein Sturm – ein Sturm auf die »Salana«.

Schiller sprach über das Problem der Geschichte, über seine eigene geschichtliche Gegenwart, die, gesponnen aus den Fäden der Vergangenheit, hinaus in eine offene Zukunft weist, die es allererst zu gestalten gilt. Fatum, Nemesis, Fortuna – ihr sinnloses Spiel ist aus. Geschichte wird gemacht, bewusst oder unbewusst. Es gibt keine Vorsehung, die festlegt, ob die menschliche Gattung im Fortschritt oder im Rückgang sei. Schon Giambattista Vico hatte diesen Gedanken in seiner *Neuen Wissenschaft* Anfang des Jahrhunderts ausgesprochen. Nichts ist für ewig: Die Wahrheit wird hergestellt und mit ihr die Geschichte.

Ähnlich wie der Sturm auf die Bastille hinterließen Schillers Worte unauslöschliche Spuren bei denen, die anwesend waren und mit ihm eine neue Ära heraufziehen sahen. Auch die Metaphysik der alten Schule wusste kaum, wie ihr geschieht, und am Ende blieb ihr nur die Kapitulation. Die neue Zeit, bei Schiller bekam sie erstmals ein Bewusstsein von sich als einer Gegenwart, die sich aus dem Ganzen der Vergangenheit versteht, aber deren Horizont prinzipiell offen, über deren Zukunft nicht entschieden ist.

Als er oben noch einmal in seinem Arbeitszimmer in der Mansarde steht, lässt er ein letztes Mal seinen Blick über die Landschaft schweifen. In letzter Zeit hat er so manchen Abend auf der Gartenzinne verbracht. Hierhin hat er sich oft zurückgezogen, um ungestört arbeiten zu können. Schiller hat die Decke mit einem Blick in den Himmel verzieren lassen, Zweige, Vögel: sein Belvedere.

In der Hand die Schnupftabakdose, die in der Mitte des Deckels eine Perlmuttscheibe mit vergoldetem Ring ziert. Ein Geschenk seines Vaters. Die verfaulten Äpfel, an denen er, wenn er im Furor war, immer gerochen hat, sollen in der Schublade des Stehpultes bleiben.

Ärger mit den Evangelisten:
Novalis und die Religion der Zukunft

Es gibt die sommerliche und die winterliche Geselligkeit. Abends versammeln sich Fritz und Wilhelm, Dorothea und Caroline um den Ofen in der Stube. Das zweite, kleinere Sofa, das man vom Verleger Frommann geschenkt bekommen hat, steht direkt davor.

Tieck rückt nah an die Kacheln heran. Mehrere Rheumaschübe haben ihm das Leben schwer gemacht. Die Wärme tut gut. Fritz ist auf seinem Stuhl am weitesten vom Ofen weggerückt und haucht immer wieder in die Hände, bevor er sie schnell aneinanderreibt.

Ein außerordentlich strenger Winter ist das. Es mangelt nicht nur an Geld für Holz und andere Dinge, es mangelt an Vertrauen. Fritz hat in der Sache zwischen Caroline und ihrem Mann Partei für Wilhelm ergriffen. Seine Enttäuschung sitzt tief: Lange hat er sich diskret verhalten, irgendwann aber konnte er sich nicht mehr beherrschen, immerhin geht es um das Leben seines Bruders. Auch Dorothea fühlt sich hintergangen; es ärgert sie, dass sie sich von Caroline, der gewandten Gastgeberin, hat blenden lassen, abends und am Mittagstisch, dass sie es geduldet und kein Wort gesagt hat. Die Dankbarkeit für die freundliche Aufnahme im Haus war einfach zu groß.

Wilhelm indes versucht zu schlichten, damit sich die Fronten nicht verhärten; was auch immer zwischen Caroline und ihm vorgefallen ist, an seiner Liebe hat es nichts geändert. Er weiß, dass sie ihn nicht liebt, im Grunde nie geliebt hat, nicht einmal damals, als er ihr aus der Misere half, nach der Sache in Mainz, sogar Gift hatte er ihr im Gefängnis zukommen lassen, damit sie ihrem Leben und dem ihrer Tochter notfalls ein Ende hätte setzen können. Er weiß auch, dass er sich vor den anderen lächerlich macht, dass ihn Gewohnheit und Schwäche an sie binden, und doch lässt er sich nur allzu gern von ihr liebkosen, umschmeicheln, herumkommandieren. Kein Wort der Klärung, von keiner Seite, kein Ventil.

Vielleicht nimmt Fritz auch deshalb stärker Anstoß an der Liaison als Wilhelm, den es eigentlich betrifft, weil ihm Schelling immer schon ein Dorn im Auge war. Oder liegt es daran, dass Fritz, hätte sein Bruder Caroline damals nicht geheiratet, es an seiner Stelle hätte tun wollen? Wäre dann alles ganz anders gekommen? Er weiß es selber nicht.

Heute wird die Stube nicht mehr warm. Man hat das Holz rationiert. Als der letzte Scheit in den Ofen geworfen wird, lodert das Feuer auf.

*

Seit letztem Jahr in Dresden, als man gemeinsam bei Fackelschein durch die Antikensammlung gestapft ist, hat man sich nicht mehr so viel Zeit für eine Zusammenkunft genommen: Fritz und Dorothea, Wilhelm und Caroline, Novalis und dessen Bruder Karl, Schelling, Tieck und der Physiker Ritter, alle haben sich zu dem mehrtägigen Treffen angekündigt. Neue

Texte sollen gelesen und diskutiert werden: Religion und Holberg, Galvanismus und Poesie, bunt soll es durcheinandergehen.

Damit sich die Gäste wohlfühlen, haben Caroline und Dorothea im Vorfeld das Haus auf den Kopf gestellt. Nicht einmal zur Aufführung von Wilhelms *Hamlet*-Übersetzung in Berlin hat man es geschafft. Eine große Wäsche, zwanzig Vorhänge, ein neuer Sofabezug – Arbeit bis zum Umfallen.

Caroline vermisst ihr Kind. Die gute Gustel. Was heißt hier ›Kind‹? Zu einer Schwester ist sie geworden. Auguste ist frühreif: Mit zwölf hat sie Griechisch gelernt, Cervantes und Shakespeare gelesen. Eine unentbehrliche Vertraute, ohne sie hätte Caroline damals in Mainz den Kopf verloren. Gustel ist für mehrere Wochen nach Dessau gefahren, zusammen mit den Tischbeins, den beiden Töchtern Caroline und Betty, dem Sohn Carl und ihrer Mutter Sophie, die zuvor bei ihnen in Jena waren – eine zauberhafte Zeit: ein arger Lärm, die Zimmer chaotisch, aber ihre Gesichter strahlten. Man hat gemeinsam musiziert, Caroline und Betty Arien, Duetts und Trios mit Auguste. Ganz unbeschwerte Tage sind das gewesen. Bis Weihnachten wird sie fort sein, aber ihr Herz hat sie wie immer bei der Mutter gelassen. Caroline reißt sich zusammen, so gut es irgendwie geht.

Kaum wiederzuerkennen ist das Haus – die Stube gefegt, die Zimmer aufgeräumt, blitzblank, mit weißen Vorhängen vor den Fenstern –, als Novalis und sein Bruder Karl am 11. November eintreffen. Sie kommen gerade von einer Hochzeit. Ihre Schwester Caroline hat sich auf Schlöben bei Jena – der Gutshof gehört der Familie und wird von Generation zu Generation an den Erstgeborenen weitergegeben – mit Friedrich von Rechenberg vermählt. Die Hochzeitsrede, Ehrensache, hat Novalis als ihr ältester Bruder gehalten.

Schlöben ist ein aufwühlender Ort für Novalis. Alles hier erinnert ihn an Sophie, seine Verlobte. Kurz nachdem er sie auf Schloss Grüning in der Nähe von Tennstedt kennengelernt hatte, wo er nach seinem Studium der Rechte in Leipzig seine erste Stelle bekleidete, hatte er – Hals über Kopf in sie verschossen – eine fiktive Anzeige aufgegeben, in der er seine Vermählung mit ihr zum 25. März 1798, eine Woche nach ihrem sechzehnten Geburtstag, bekannt gab. An diesem Tag war sie dann gar nicht mehr am Leben. Als Ort der Trauung hatte er angegeben: »Schlöben«. Das alles hier, der ganze Aufwand, die Hochzeit seiner Schwester – es hätte seine Vermählung sein können.

So gestimmt, erreicht Novalis die Leutragasse, wo er schon im Juli und September jeweils für einige Tage Station gemacht hat. Keine Hochzeitsrede hat er diesmal im Gepäck, es soll um die Christenheit gehen, um eine neue Religion der Zukunft.

*

Fenster auf! Als die Rede vorbei ist, geht ein angestrengtes Raunen durch den Raum. Irgendwie hat man anderes, irgendwie hat man mehr erwartet. Was Novalis vorgetragen hat, klingt wie die Rückkehr in eine längst vergangene, längst überwundene Zeit: nach all den Jahren der Revolutionskriege endlich wieder eine stabile Friedensordnung; nur die Religion kann Europa aufwecken, und zwar nicht irgendeine Religion, sondern ein Christentum, das den verheerenden Zwist zwischen

Protestantismus und Katholizismus überwunden hat. Die Geschichte, die gerade in Trümmern liegt, soll sich in einem »ächtkatholischen« Weltalter vollenden.

Ein Geisterseher ist Novalis, ein Prophet, der versucht, das Unmögliche möglich zu machen, das Absolute darzustellen, eine zukünftige Einheit in die Gegenwart hineinzuholen, durch die Kraft der Rede. Und Reden, das bedeutet für ihn: predigen, raumgreifend intonieren. Die ganze Geschichte ist ein einziges Evangelium – und er ihr Verkünder.

Schleiermachers viel diskutierte Reden *Über die Religion* haben Novalis angeregt. Fritz hatte ihm von dem Buch vorgeschwärmt, Mitte September hat Novalis es gelesen. Und just an dem Tag, als Napoleon durch einen Staatsstreich das Direktorium gestürzt und sich zum Konsul auf Lebenszeit, zum Alleinherrscher der Ersten Französischen Republik aufgeschwungen hatte, war Novalis mit dem Text fertig geworden. Ein historisches Zeichen: Hier wird der Welt der Geist eines neuen Christentums präsentiert, dort zerfließt das Erbe der Französischen Revolution in den Händen eines Usurpators. Freiheit gegen Despotie. Für Novalis kann kein Zweifel bestehen: Eine neue Religion wird heraufziehen – und mit ihr eine neue Zeit.

Schelling hält die Rede für einen massiven Rückschritt. Er erkennt all das wieder, was er in Tübingen vor Jahren hinter sich gelassen hat: den alten Aberglauben, die überkommene Unmittelbarkeitslehre inklusive aller möglichen Dogmen, aus denen, ehe man sichs versieht, Gott als das persönliche, individuelle Wesen hervorspringt, das auf seinem Thron im Himmel sitzt. Schelling bekommt geradezu einen Anfall, während

Novalis seine Rede vorträgt. Hatte Kant nicht ein für alle Mal klargestellt, dass Gott sich weder beweisen lässt noch widerlegen und also nur ein Ideal sein kann, ein Grenzbegriff für die Vernunft? Novalis hat keine Gegenwartsdiagnose auf der Schwelle zu einer neuen Zeit vorgelegt, sondern sich feige in die Vergangenheit geflüchtet.

Auch Tieck, der sich ansonsten mit Novalis blendend versteht, findet den Beitrag unausgegoren, den historischen Teil schwach, die Folgerungen willkürlich. Novalis taucht tief in die Welt des Mittelalters ab, um von dort über die Gegenwart hinaus in eine Zukunft zu blicken, die von der Entzweiung durch die Reformation und der Zerrissenheit durch die Revolution in Frankreich nichts mehr weiß, in der es nur noch *eine* Christenheit, *ein* großes gemeinschaftliches Interesse gibt, *ein* Oberhaupt. Da sieht das historische Auge die vorhergegangenen Zeiten und deren Dämonen, die kirchliche Unterdrückung der Wissenschaften, in einen großen Geschichtsverlauf wieder eingegliedert. Novalis schraubt sich direkt ins goldene Zeitalter hinein – wie kann man nur in diesen staatsumwälzenden Zeiten einfach so über die Umbrüche hinweggehen und die Ankunft eines neuen Messias verkündigen, der die Menschen in den Schafstall treibt und über die Natur »hübsch christlich« einen Schleier wirft?

Genug ist genug. Schelling wird noch auf dem Treffen ein Gedicht als Antwort auf den Beitrag von Novalis schreiben. Es wird gegen Novalis ebenso wie gegen Schleiermacher gerichtet sein, eine Art Parodie, die den Titel *Epikurisch Glaubensbekenntnis Heinz Widerporstens* trägt, nach der gleichnamigen Figur eines Spruchgedichts des Nürnberger Meistersingers

Hans Sachs, eine Personifikation des Lasters der Eigensinnigkeit und Widerspenstigkeit.

Schellings Widerporst wird ein naturalistisches Weltbild vertreten, das umso überzeichneter ausfallen wird, je mehr Novalis gerade in die entgegengesetzte Richtung, in den Glauben an eine überirdische Instanz, hineingedriftet ist. Handfest und volkstümlich wird es sein. Widerporst wird die nackte Sinnlichkeit ins Feld führen, obwohl er nicht unbedingt mit Epikur übereinstimmt, aber darum geht es Schelling auch gar nicht, zumindest nicht nur, es geht um Zuspitzung, Parodie, Polemik.

Dem historischen Vorbild entsprechend, wird das Gedicht in Knittelversen verfasst. Schelling hat es von Goethe gelernt. Zwischen ihren Gesprächen über Naturphilosophie hat Goethe erwähnt, dass er die Arbeit am *Faust* wieder aufgenommen habe und man sich des strengen Knittelverses von Hans Sachs in parodistischer Absicht bedienen könne, gerade um ein lebensnah-derbes Bekenntnis zur Sinnlichkeit darzustellen, die Erfüllung der natürlich-körperlichen Bedürfnisse: Durst, Hunger, Sexualität. Und weil ›Knittel‹ nicht so weit entfernt vom ›Knüppel‹ liegt, besteht die einzige Regel darin, dass zwei aufeinanderfolgende Verse sich reimen müssen. Ansonsten wird es eben schön knitteln und knüppeln: »Wodurch Natur verjüngt sich wieder schafft, / Ist *eine* Kraft, *ein* Pulsschlag nur, *ein* Leben, / *Ein* Wechselspiel von Hemmen und von Streben.«

Den Rest des Nachmittags will man draußen am Fluss verbringen. Das Wetter ist klar, die Saale angeschwollen. Man muss sich Luft verschaffen.

Herrscher ohne Reich:
Die Familie der herrlichen Verbannten

Die Hände auf dem Rücken verschränkt, den Oberkörper nach vorne geneigt, das Körpergewicht vom einen Bein aufs andere verlagernd – Tempowechsel. Die Bewegung kommt aus der Hüfte.

Kaum zu glauben, dass Goethe sich unter die Schlittschuhläufer mischt, die von Sonnenauf- bis Sonnenuntergang auf der Saale ihre Runden drehen. In gravitätischer Haltung sieht man ihn, mit langem Überrock, dreieckigem Hut und steifem Zopf. Eine ungelenke Figur, dieser Geheime Rat, wie er sich durch die Menge der Wollmützen hindurchschlängelt, haarscharf an den Stockblättern vorbei, die knapp über dem Eis hängen, jederzeit bereit, die Scheibe abzufangen.

Hier in Jena kann er sich solche Sperenzchen erlauben. Der Plan, der ihn Anfang des Jahres aus Weimar hierhergezogen hat, ist aufgegangen. Schillers und Wilhelms Nähe haben ihm neue Impulse gegeben, die Arbeit am *Faust* geht gut voran, ebenso die Übersetzung des *Mahomet,* die der Herzog sich gewünscht hat. Carl August möchte Voltaires Stück auf der Bühne sehen, Weltliteratur, es soll dem Theater in Weimar zu einer weiteren Sternstunde verhelfen. Keine leichte Aufgabe. Im Gegensatz zu Voltaire sieht Goethe in dem Religionsstifter

Friedrich Preller, *Eisfahrt auf den Schwanseewiesen*, 1824 (Ausschnitt)

keinen Fanatiker oder Betrüger, sondern ein schöpferisches Genie – ein Drahtseilakt, den er bei der Übersetzung zu vollführen hat.

Goethe würde noch viel mehr schaffen, wenn er nicht ständig belagert würde. Auch hier in Jena erwartet alle Welt seinen Rat in dieser oder jener Angelegenheit. Wie einsame Trabanten drehen sich die Dichter und Gelehrten um ihn, ihren Fixstern, ihre Sonne. Ihm selbst kann dabei schon mal schwindlig werden. Umso schlimmer, wenn ein ganzer Kometenschwarm auf ihn zurast wie vorigen Monat, als er der ganzen Gruppe nicht mehr ausweichen konnte, allen voran die Tochter Moses Mendelssohns, die wohl vor einigen Wochen auch nach Jena gekommen ist. In seinem Tagebuch hat er das Treffen lieber unerwähnt gelassen: »Gegen Mittag spatzieren. Das Wetter war abermals sehr schön.«

Und jetzt soll er darüber richten, ob zwei Texte, über die man im Kreise heftig diskutiert hat – eine Rede über die zerfallene Einheit Europas und die Zukunft der Christenheit von Novalis und eine lyrische Parodie darauf von Schelling – im *Athenaeum* erscheinen sollen, womöglich gar nebeneinander: Das jedenfalls hatte Wilhelms Bruder vorgeschlagen, da die Kontroverse zum Denken dazugehöre und der Widerspruch überhaupt der Motor allen Lebens sei. Die Veit war offenbar strikt dagegen, Wilhelm wollte das Gedicht nicht ohne Anmerkungen bringen, wogegen Schelling sich wiederum hartnäckig sträubte. Tieck hielt sich raus, er ist überhaupt anders als der Rest der Gruppe, eigenständiger.

Da sie sich nicht einigen können, soll er, Goethe, es richten. Immer, wenn es brenzlig wird, ist er als Schiedsrichter gefragt.

Vivat Goethe, so schallte es umher – er kann es einfach nicht mehr hören.

*

Als das Weihnachtsfest herangerückt ist, beschließt man in der Leutragasse 5, sich gegenseitig mit Versen zu beschenken. Das ist alles, was man in der gegenwärtigen Situation aufbringen kann – und, wenn man es recht bedenkt, mehr als genug.

Immerhin ist Gustel aus Dessau zurückgekehrt, acht Wochen ist es her, dass sie Jena verlassen hat, die erste längere Trennung zwischen Mutter und Tochter. Viel hat sich seitdem auch für sie geändert. Die Konfirmation, die für Ostern angesetzt war, hat sie bereits in Dessau empfangen. In der musikalischen Ausbildung hat Gustel ebenfalls Fortschritte gemacht. Schade nur, dass man gerade jetzt den Kontakt zur Familie des Juristen Hufeland abbrechen musste, nachdem der Streit um Schellings Naturphilosophie in der *Allgemeinen Literatur-Zeitung* hochgekocht ist, die Hufeland als Redakteur betreut. In seinem Haus hat Griesette immer gespielt und den Gesang von Wilhelmine, Hufelands Frau, auf dem Klavier begleitet. Selbst der übliche Smalltalk – Moden, Bälle, Familienangelegenheiten – hilft da nicht mehr. Man ist mehr denn je isoliert vom Rest der Gesellschaft, muss genau darauf achten, was man sagt und zu wem.

Nur eines hat sich nach Gustels Rückkehr nicht geändert: Von allen im Haus wird sie geliebt, verwöhnt und verhätschelt. Ihrem leichten Silberblick, dem unerhörten Charme ihres Intellektes, ihrer kindlichen Neugierde, in der doch so viel feinsinnige Klugheit wohnt, kann niemand sich entziehen.

Schelling überreicht ihr am Weihnachtsabend zusammen mit einem kleinen Gedicht eine grüne Schärpe, einen Taillengürtel. Fast wirkt es, als wolle er nun auch ihr, der Vierzehnjährigen, den Hof machen. Der Altersabstand zwischen ihnen ist kaum größer als zwischen ihm und ihrer Mutter. Caroline bekommt ebenfalls zu ihren Zeilen eine Kleinigkeit geschenkt, ein paar Armbänder. Kleine Annehmlichkeiten, die unter den gegebenen Umständen viel bedeuten.

Dass man den Weihnachtsabend so friedlich in der Leutragasse verleben kann, hat auch damit zu tun, dass Goethe den Streit zwischen Novalis und Schelling geschlichtet hat. Lange musste man nicht auf sein Urteil warten. Es ist, kaum überraschend, salomonisch ausgefallen: Keiner der beiden Beiträge soll im *Athenaeum* erscheinen. Ein Atheismus-Streit in Jena reicht. Fichtes Entlassung in diesem Sommer ist Goethe zu gegenwärtig.

Irgendwie ist man erleichtert über dieses auf Ausgleich bedachte Urteil. Anfeindungen gegen das *Athenaeum* gibt es schon genug. Man tut sicher gut daran, sich nicht jetzt auch noch selbst zu zerfleischen.

Als die Gedichte verlesen, die kleinen Geschenke verteilt sind, herrscht für einen kurzen Augenblick Stille. Spätestens jetzt gehören sie zur »Familie der herrlichen Verbannten«, die Fritz ausgerufen hatte, als Dorothea und er noch in Berlin wohnten. Dass Fichte nur einen Tag, nachdem Schiller die Stadt in Richtung Weimar verlassen hat, nach fünfmonatiger Abwesenheit in Jena eingetroffen ist, ändert nichts daran. Er ist bloß gekommen, um das Haus zu verkaufen und Johanna und das Hermännchen nach Berlin zu holen. Gleichwohl wirbt er schon wieder für seine neuen Pläne. Eine Zeitschrift will er gründen, das *Kritische Institut*. Aber die Differenzen sind zu groß: Während Fichte eine klar strukturierte Organisation vor Augen steht, können Fritz und Wilhelm nur impulsiv und fragmentarisch arbeiten. Sie haben gar nichts gegen das *Kritische Institut* einzuwenden, allerdings glauben sie, es wäre besser, Fichte suchte sich andere Mitarbeiter als sie. Fritz und Wilhelm sehen sich selbst als »Republikaner«, Fichte als einen kleinen »Monarchen«. Herrscher sind sie alle, Herrscher ohne Reich.

Musik, ein Klavier wäre jetzt nicht schlecht. Wie lautete die Passage bei Shakespeare, die Tieck neulich, als man am Ofen zusammensaß, zitiert hat: »Dies Herz und meinen Herrschergeist verwegen / Dämpft Zweifel nicht und soll die Furcht nie regen.« Kaum sind Fritz und Dorothea so richtig in Jena angekommen, beginnt sich das Leben auch schon zu verdunkeln.

*

In Weimar, im Wittumspalais, führt zu Silvester 1799 eine Laiengruppe August von Kotzebues Gelegenheitsposse *Das neue Jahrhundert* in Gegenwart der Herzoginmutter Anna Amalia auf. Kotzebue selbst spielt mit. Als wären die Diskussionen, die man zuvor bereits am Hofe geführt hat, nicht schon genug, handelt das Stück alle gängigen Argumente noch einmal ab: Wilhelmine, die Tochter des vermögenden Kaufmanns Werhof, hat vor Jahren dem Landjunker Schmalbauch versprochen, ihm am letzten Tag des alten Jahrhunderts eine Antwort auf seinen Heiratsantrag zu geben. Wilhelmine würde ihre Antwort gerne um ein Jahr hinauszögern und plädiert deshalb für 1801. Ihr Vater indes erwartet von Schmalbauchs Vater am ersten Tag des neuen Jahrhunderts die Rückzahlung eines Kredits, weswegen er mit seiner Tochter in Streit gerät. Schmalbauch senior wiederum schwankt: Einerseits wünscht er die baldige Heirat seines Sohnes, die ihm genug Geld einbringen wird, um den Wechsel zu begleichen, andererseits hat ihm eine Wahrsagerin prophezeit, er werde am letzten Tag des 18. Jahrhunderts sterben. Was tun? Niemanden interessiert es. Die großen Feierlichkeiten sind aufs kommende Jahr verschoben.

Dritter Teil

Der rastlose Weltgeist

Gemüsegärtner und Gelehrte: Spekulationen über dem Abgrund

Aufs Katheder nimmt Fritz nichts als ein Blättchen mit, auf dem mathematische Symbole wie +, =, √ und allerlei Krakeleien verzeichnet sind. Eine Notationsform, wie er sie in seinen eigenen Heften verwendet, gedrängte Formulierungen, sich wiederholende Gedanken.

Fritz eilt voran, um schnell fertig zu werden – und schließt vor der Zeit. Einmal, nachdem er seine Vorlesung mit den Worten beendet: »Meine Herren, ich fasse das Resultat unserer Betrachtungen kurz zusammen: Widmen Sie sich der Magie!«, stürmt er vom Katheder herab, schaut nicht vor sich hin und knallt gegen einen Pfeiler. Magie sieht anders aus.

Die Reaktionen der Studenten sind geteilt. Viele sind von seinen Spitzfindigkeiten, Polemiken und Paradoxien überfordert. Mag sein, dass in diesem genialen Kopf Tausende Ideen gären – über die Gabe, sie klar vorzutragen, so die herrschende Meinung, verfügt sein Besitzer nicht. Man ist ja schon von Schelling einiges gewohnt. Aber das, was Schlegel hier präsentiert, das geht zu weit. Oder was soll man davon halten, dass der Satz des Widerspruchs keine absolute Gültigkeit besitze, ja, dass sich die gesamte Philosophie in einer unendlichen Reihe von Widersprüchen entfalte? Die Logik entspreche zwar einer bestimmten Form des Denkens, die Quelle der Wahrheit, die echte Form, müsse allerdings höher veranschlagt werden; weswegen auch das erste Problem, nämlich den Charakter der Philosophie selbst zu bestimmen, nicht dadurch gelöst werden könne, ihn *ganz genau* zu bestimmen, denn dies könne nur auf eine Definition hinauslaufen, und Definitionen seien *per definitionem* tot. Das verstehe, wer will.

Fritz eilt kein Ruf voraus, er schlägt sich fürs Erste durch. Zu seiner Antrittsvorlesung sind höchstens achtzig Zuhörer erschienen, bei Weitem nicht so viele wie damals bei Schiller, Fichte oder Schelling. Sein Stil ist ein ganz anderer: Er improvisiert. Ordentlich ausgearbeitete Manuskripte, das will und kann er nicht. Keine Schiller'sche poetische Note, kein Fichte'scher Appell am Ende der Sitzung, noch viel weniger Schelling'sches Pathos, Fritz hat nichts Salbungsvolles an sich. Die Philosophie lebt vom Experimentieren, und daher muss jeder, der philosophieren will, stets von vorn beginnen.

Nur manchmal gelingt es Fritz, zu den Studenten durchzudringen und sie mit dem Furor anzustecken, der ihn treibt. Dann ist das Auditorium beim nächsten Mal voll – bis sich die Reihen nach einer Weile wieder lichten. So ganz kann er aus seiner Rolle als Schriftsteller eben nicht heraus. Er muss noch lernen, als akademischer Redner und Lehrer aufzutreten, auch wenn er selbst den Grund für seinen bescheidenen Erfolg woanders sieht: Für seinen sublimen Standpunkt sind seine Zuhörer schlicht zu dumm.

Zwei Vorlesungen hat Fritz für das Wintersemester 1800/01 angekündigt: »Transzendentalphilosophie« privat, und öffentlich »De officio philosophi«, »Über die Bestimmung des

Gelehrten«. Die Kollegiengelder für die private Vorlesung entschädigen fürs Erste, nur stehen Aufwand und Zeit kaum im Verhältnis dazu, zumal die Doktorwürde Geld genug gekostet hat. Dorothea hofft, dass sie die Auslagen spätestens bis zur Michaelismesse wieder reinbekommen. Wenn es Fritz doch einmal gelänge, die ganze Sache nicht bloß mit Ironie abzutun.

Von Schelling hat Fritz unterdessen gehört, er sei stark angeschlagen: Schwermut, dieses süße Gift. Gesehen haben sich beide, seit Schelling ohne Caroline aus Bad Bocklet zurückgekommen ist, noch nicht.

*

Dass die Wahl gerade auf einen unterfränkischen Kurort gefallen ist, daran ist Schelling nicht ganz unschuldig. Er wollte schon länger das Krankenhaus im nahe gelegenen Bamberg besuchen, wo die beiden Ärzte Adalbert Friedrich Marcus und Andreas Röschlaub so streng wie niemand sonst in Deutschland nach der Methode des schottischen Arztes John Brown praktizieren. Sie sorgt seit zehn Jahren in ganz Europa für Aufsehen. Krankheit, behauptet Brown, ist nichts als eine Abweichung von der mittleren Norm der nervösen Erregung. Im einen Extrem ist die Erregbarkeit zu hoch, im anderen zu niedrig. Gesundheit besteht im Gleichgewicht zwischen Reizen und Reizbarkeit, Kraftlosigkeit und fiebriger Kraftanstrengung.

Als Caroline im Frühjahr eine schwere Erkrankung erleidet, von der sie sich nur langsam erholt – Rückfälle fesseln sie immer wieder ans Bett, zeitweise schwebt sie in Lebensgefahr, keine Heilmethode will anschlagen außer der Brown'schen –, scheint die Gelegenheit günstig, zwei Dinge miteinander zu verbinden: Schelling hat Marcus und Röschlaub versprochen, in Bamberg Privatvorlesungen über seine Naturphilosophie zu halten, von der Universität ist er dazu bereits beurlaubt worden; wie wäre es also, wenn man auf eine Kur nach Bad Bocklet fährt, damit Caroline dort weiter nach der Methode Browns behandelt werden kann, und eine Zwischenstation in Bamberg macht? Selbst Christoph Wilhelm Hufeland, eine Koryphäe auf dem Gebiet der Medizin und eigentlich erklärter Gegner der Brown'schen Lehre, befürwortet einen Aufenthalt seiner Patientin in dem Kurort. Nachdem keiner seiner Therapieversuche erfolgreich war, hatte Schelling ihn überredet, die Methode auszuprobieren. Er hatte Caroline flüchtige Reizmittel und ununterbrochen Stärkungen verabreicht, ungarischen Wein, nährende Cremes, starke Bouillons. Insbesondere der Wein, direkt aus Goethes eisernen Beständen, zeigte Wirkung. Als wäre ein Wunder geschehen, war es plötzlich bergauf gegangen mit der Kranken.

Schelling überlegt schon länger, Jena zu verlassen. Seit sich Fritz auf Wilhelms Seite gestellt hat, ist die Lage erst recht nicht mehr zu ertragen. Ein wenig Abstand und Ruhe würde ihnen allen sicher guttun. Sogar Fichte hat er gefragt, ob er sich nicht vorstellen könnte, mitzukommen, statt ohne konkrete Perspektiven und ohne festes Auskommen in Berlin zu bleiben. In Bamberg oder Würzburg könnte man zusammen mehr erreichen. Bamberg ist zwar als tiefkatholisches Nest verschrien, um das die Aufklärung einen großzügigen Bogen gemacht hat – weniger für ihre Gelehrten denn für ihre Gemüsegärtner ist die Stadt bekannt –, aber da muss man ja nicht bleiben.

Wenn alles gut läuft, könnte man im Jahr darauf sogar nach Wien wechseln. Auch Caroline hat er in die Pläne eingeweiht.

Am 5. Mai brechen Caroline und Gustel auf – begleitet von Wilhelm. Schelling erwartet sie bereits in Saalfeld. Er ist zwei Tage früher abgereist, es sollte nicht so aussehen, als würden sie gemeinsam die Flucht ergreifen. Die Sonne scheint, als hätte es nie einen strengen Winter wie den letzten gegeben – bei schlechtem Wetter hätte Caroline das Krankenlager gar nicht verlassen dürfen, zu schwach ist sie noch auf den Beinen. In Saalfeld angekommen, übergibt Wilhelm schließlich Mutter und Tochter wortlos an den Nebenbuhler. Er selbst ist mit den Gedanken schon auf der Buchmesse in Leipzig.

Schelling hat Marcus gebeten, ihnen eine Unterkunft in Bamberg zu besorgen: für Caroline am besten drei Zimmer, einfach eingerichtet, eines zum Wohnen, eines zum Schlafen, eines für Gustel sowie eine Kammer für das Dienstmädchen – zur Not tut es auch ein Alkoven, eine schmale Bettnische neben der Stube; Schelling selbst genügt ein helles Zimmer und eine Schlafkammer, wenn möglich alles auf einer Etage. Ansonsten gerne ein Gartenhaus oder eine andere Logis, Hauptsache, hübsch gelegen. Schellings Ansprüche sind – bei aller Bescheidenheit, mit der sie vorgetragen werden – nicht gering. Ein Hotel kommt übergangshalber nicht infrage. Fast scheint es, als wollte er sich mit Caroline und Auguste dauerhaft in Bamberg niederlassen.

*

Erfolg hat Fritz vor allem mit der anderen, der öffentlichen Vorlesung. Dort versucht er, der Tendenz des Zeitalters entgegenzuarbeiten, Künste und Wissenschaften in Fächer aufzuteilen und so die große Gemeinschaft der Geister zu entzweien, die doch in Wahrheit alle – Philosophen, Gelehrte und Künstler – verbindet. Wo man hinsieht, finden sich Mittelglieder, Wechselwirkungen, alles ist im Übergang begriffen. Jeder leistet seinen Beitrag zum Ganzen: Der Philosoph findet die Idee, der Gelehrte entwickelt sie, der Künstler stellt sie dar. Sie arbeiten *einem* Ziel entgegen: dem Unendlichen. Die Wurzel des Aberglaubens, der Schlechtigkeit und des Unglücks liegt in der Beschränkung, dem Wahn des bloß Endlichen.

Unter Erlassung des Rigorosums ist Fritz im August aufgrund seiner Arbeiten zur antiken Literatur promoviert worden. Jetzt, wo die letzte Ausgabe des *Athenaeums* erschienen ist, kann er sich vorstellen, tatsächlich einmal eine Professur zu übernehmen. Bisher wollte er davon, wann immer Wilhelm über diese Möglichkeit gesprochen hat, nichts hören: Die Laufbahn eines vom Staat bestallten Akademikers verträgt sich schlecht mit der Existenz eines freien Schriftstellers. Aber der Plan, vom Schreiben zu leben, war schwerer umzusetzen als erwartet.

Die Lehrbefugnis hat Fritz nach einer Probevorlesung Mitte Oktober erhalten. »Vom Enthusiasmus oder die Schwärmerei«, so der Titel. Die gesamte Fakultät ist anwesend. Die These, die Fritz entfaltet, zielt direkt ins Zentrum seines Denkens: Poetisches und philosophisches Bewusstsein schließen einander keineswegs aus, durchdringen sich vielmehr in Zuständen wie dem Enthusiasmus, von dem schon Platon in seinem *Ion* zu berichten wusste, dass er die Teilhabe an einer die Gegensätze überwölbenden, verborgenen Notwendigkeit ermöglicht. Gemeinsam heben Poesie und Philosophie den menschlichen Geist auf eine höhere, wenn nicht die höchste Stufe. Die Poesie, indem sie die Schärfe des Begriffs zu spüren bekommt; die Philosophie, indem sie durch die Elastizität der bildlichen Sprache aus der kahlen Endlichkeit der Reflexion herausgehoben wird. Solange er noch von dieser festgehalten wird, ist der Mensch unfähig zu dichten, genauso, wie er unfähig ist zu denken, solange er nur schwärmerisch in den Tag hineinträumt. Deshalb ließ Platon die Dichter wie honigschöpfende Bienen in den Gärten und Hainen der Musen umherschwirren; Dichter sind leichte Wesen, geflügelt und heilig, nicht eher vermögend zu dichten, als bis sie begeistert worden sind und die Vernunft nicht mehr in ihnen wohnt.

Fritz präsentiert einen ganz anderen Platon, nicht den Staatsdenker, der den Dichtern nachgesagt hatte, dass sie lügen, weil sie – ganz im Gegensatz zu den Philosophen – bloß Nachahmer sind und von der wirklichen Sache keine Kenntnis besitzen. Schlegels Platon weiß um die Macht der Einbildungs- und Dichtungskraft für das menschliche Dasein. Den Enthusiasmus als Zustand eines Entrücktseins, der gerade dadurch den Blick auf das Wesentliche freigibt, das dialogische Zugleich von poetischer Trunkenheit und philosophischer Nüchternheit, bezeichnet Platon – und Schlegel knüpft unmittelbar an diese Bestimmung an – als göttliches Geschenk. In solche Zustände können wir nur versetzt oder hineingestoßen werden; wir führen sie nicht selbst hierbei. Anhauch, Einweihung, Wahnsinn, das Höchste aber ist die Liebe.

Schlegel stimmt mit seinem Rivalen Schelling in vielen Punkten überein. Erst im letzten Jahr hat Schelling sein *System des transzendentalen Idealismus* veröffentlicht, die bisher vollständigste Darstellung seines Denkens, das ebenfalls in der Kunst seinen krönenden Abschluss findet. Auch für Schelling ist die ästhetische Anschauung, die er als eine zum Konflikt zwischen Freiheit und Mechanismus hinzutretende unbewusste Tätigkeit des Geistes versteht, das Höchste, Schlussstein der ganzen Philosophie. Transzendental- und Naturphilosophie sind zwei Seiten derselben Medaille; während erstere vom Ich zur Natur verläuft, führt letztere von der Natur zum Ich. Die Kunst überwindet schließlich den Gegensatz zwischen Ich und Natur, indem sie dem erkennenden Subjekt die Übereinstimmung von Freiheit und Naturnotwendigkeit, Praxis und Theorie in einem Objekt der ästhetischen Anschauung – dem Kunstwerk – unmittelbar vor Augen führt. Im Medium der Kunst vermag sich der Geist in seiner Einheitlichkeit und Widersprüchlichkeit zu erkennen, Vergangenheit und Zukunft werden in einem Moment der unbewussten künstlerischen Produktion transparent für die Gegenwart. Die Kunst ist das einzige wahre Organon und Dokument der Philosophie.

Während Schelling aber versucht, alle Teile seiner Philosophie in einem System zu verbinden, beharrt Schlegel darauf, dass jedes System über die Fähigkeit verfügen muss, sich immer wieder selbst zu unterlaufen, sonst wird es abgezogen und abstrakt – lebloses Räderwerk. Philosophie muss jederzeit Raum für Enthusiasmus bieten und für Skepsis. Ein Nicht-System zu haben ist für den Geist ebenso unverzichtbar wie ein System; man muss beides dialektisch miteinander verbinden und ebenso wieder voneinander trennen. Enthusiasmus und Skepsis sind die Antriebskräfte, die die Philosophie Stufe um

Stufe vorantreiben, Epoche für Epoche – annäherungsweise – ihrer Vollendung entgegenführen. Poesie ist mehr Lebens- als Erkenntnisform für Schlegel, die es Tag für Tag einzuüben gilt. Zwar vollzieht sich das Leben des Geistes in der Kunst, findet darin aber gerade nicht wie bei Schelling seinen krönenden Abschluss. Sie ist nicht das Werk eines einzelnen Subjektes, das sich im Moment der ästhetischen Anschauung zum Symbol der ganzen menschlichen Gattung aufschwingt, sondern die Arbeit vieler: das Mit- und Gegeneinander in der täglichen Praxis.

Ganz so ausschweifend wie Platons Bienen hält es Fritz dann aber nicht in seiner öffentlichen Vorlesung. Vornehme Zurückhaltung ist geboten, wenn man im akademischen Betrieb weiter vorankommen will. Und das will er. Fritz will Schelling den Rang ablaufen.

∗

Die Geschichte der Bockleter Heilquellen ist lang. Im Jahr 1720 hat der Pfarrer Johann Georg Schöppner hier auf einem Spaziergang eine Quelle entdeckt und sie auf eigene Kosten aufgraben und fassen lassen. Seitdem lockt das mineralhaltige Wasser Kurgäste an.

Nach einem ganzen Monat, den Caroline und Auguste zunächst noch in Bamberg verbracht haben, weil in Bad Bocklet die Unterkünfte für die Kurgäste nicht fertiggestellt waren, geschieht kurz nach ihrer Ankunft im Kurbad, womit niemand gerechnet hat: Während es Caroline immer besser geht, beinahe scheint sie vollständig genesen, erkrankt Auguste unerwartet. Es sieht nicht gut aus. Ruhr lautet die Diagnose.

Schelling ist gerade von einer Reise zu seinen Eltern zurückgekehrt. Sein Bruder Gottlieb, Oberleutnant in Diensten der Kaiserlichen Armee, ist – kaum zweiundzwanzig Jahre alt – vor Genua gefallen. Österreich versucht die Franzosen aus Italien zu vertreiben. In Genua gelingt es ihnen; bei der Schlacht von Marengo, weiter nördlich, werden sie nur zehn Tage später entscheidend geschlagen. Bevor Caroline und Auguste nach Bad Bocklet abgefahren sind, ist Schelling nach Schorndorf, dem kleinen Dorf unweit von Stuttgart, aufgebrochen, um seinen Eltern in dieser schweren Zeit beizustehen, ein Kondolenzbesuch – mit dem Bruder selbst verbindet ihn wenig.

Als Schelling, zurück in Bad Bocklet, Caroline vollkommen geheilt, Auguste dafür aber auf dem Krankenlager wiederfindet, erschrickt er: Blass, kraftlos, fiebrig sieht sie aus. Dabei hatten sie in Bamberg gemeinsam mit Caroline noch Ausflüge gemacht in die französischen Gärten, Bekanntschaft geknüpft mit Röschlaub und Marcus und der besseren Gesellschaft der Stadt. Voller Tatendrang ist Gustel gewesen.

Trotz ihres Zustandes verbreitet Schelling Zuversicht. Er schlägt eine Behandlung nach der Brown'schen Methode vor unter zusätzlichem Einsatz von Opium. Die Bad Bockleter Ärzte sind einverstanden. Was der Mutter gutgetan hat, wird auch der Tochter helfen.

*

Am 1. Oktober, auf den Tag genau zwei Jahre, nachdem er Dresden verlassen hat, um ein neues Leben zu beginnen, reist Schelling ein weiteres Mal – nun vom Bamberg aus – nach Jena in dem Wissen, dass nichts mehr sein wird wie zuvor. Erst gestern hat er noch mit Caroline den kleinen Dorfkirchhof in Bad

Bocklet besucht und frische Blumen auf das Grab gelegt. Von dort aus kann man das ganze eng umschlossene Tal überblicken, in dem das unscheinbare Kurbad liegt. Das Grab ist schlicht gehalten, das Grabmal soll umso würdiger werden.

Fassungslos steht Schelling vor den Ereignissen der letzten Monate. Erst Carolines schwere Krankheit, und jetzt ausgerechnet Auguste. Eine blühende Natur wie sie, wie kann die sterben? Selbstvorwürfe quälen ihn, nicht alles getan, die Gefahr nicht rechtzeitig gebannt zu haben. Ausgerechnet an dem Ort, an dem Leben und Gesundheit aus der Erde sprudeln sollen, hat das unbekümmertste von allen Leben sein Ende gefunden.

Schelling und Caroline sind bis zuletzt in Bamberg geblieben, um ihre Angelegenheiten zu regeln. Wilhelm ist gekommen, Hufeland reiste an, auch Gries hat persönlich kondoliert. Die Nachricht vom plötzlichen Tod Augustes hat sich wie ein Lauffeuer verbreitet. Alle, die sie kannten, sind bestürzt. Die Zeit ist gar zu flüchtig, man müsste sie festhalten können.

Wieder beginnt das endlose Warten in der Kutsche, genau wie damals: alle Meilen ein Dorf, das nur rein zufällig aus dem Boden hervorgewachsen zu sein scheint. Die Landstraßen sind in einem desolaten Zustand. Schlaglöcher, Schlammpfützen, halsbrecherische Manöver, die Postkutsche erreicht nicht einmal Schrittgeschwindigkeit, mehr als vierzig Kilometer schafft sie nicht am Tag. Und wieder ist Gries bei ihm, mit dem er damals, als alles noch so unbeschwert schien, Freundschaft geschlossen hat. Man versucht zu lesen, schweigt. Müde sind sie und können doch nicht schlafen. Die Zeit schmilzt zu einem undefinierbaren Klumpen zusammen – eine kleine, dumpfe Ewigkeit. Das Rumpeln der Räder, der Rhythmus der Hufe.

Schelling hat beschlossen, seine Wien-Pläne fürs Erste zu begraben. In Jena wird er jetzt gebraucht. Fritz, der bislang hauptsächlich auf dem Gebiet der Literaturtheorie hervorgetreten ist, hat angekündigt, im Wintersemester Vorlesungen über Transzendentalphilosophie zu halten: ein Affront! Transzendentalphilosophie ist eindeutig sein, Schellings, Gebiet. Er kann nicht zulassen, dass jetzt auch noch das solide Fundament, das er und Fichte gelegt haben, zerstört wird von diesem Dilettanten mit seiner unendlichen Schwärmerei. Schon immer hat die »Ironie in der Schlegelschen Familie« Schelling abgestoßen. Philosophie darf nicht in der Ironie enden, sie muss sich zu einem System fügen. Freiheit und Notwendigkeit greifen ineinander, und die Philosophie hat diesen Beweis zu erbringen. Sie muss – analog zur Mathematik – konstruierend vorgehen.

Nichts ist mehr von dem Enthusiasmus zu spüren, von der Aufbruchsstimmung, die ihn damals erfasst hatte, als Gries und er nach einer durch das fürchterliche Wetter und die aufgeweichten Wege beschwerlichen Reise endlich in Jena angekommen waren: Raus aus dem Wagen, die Rathausglocke schallte quer über den Marktplatz herüber. Zwölf Mal. Unwillkürlich hatte er nach oben schauen müssen, hinauf zum Turm, wo bei jedem Stundenschlag eine seltsame Figur den Mund aufriss und nach einer goldenen Kugel schnappte, die ihr eine Pilgergestalt an einem Stab hinhielt. Gleichzeitig ließ ein Engel auf der anderen Seite ein Glöckchen erklingen. Dann war das Schauspiel auch schon vorbei.

Noch in der ersten Stunde seines Aufenthaltes war er durch die Stadt geeilt: Er wollte zu Schiller. Um ihn herum das Geräusch von rollenden Rädern, von grunzendem und schnatterndem Vieh. Als er Schiller schließlich dort antraf, wo sie sich mit Goethe zum letzten Mal zusammen gesehen und »auf bald« verabschiedet hatten, in seinem Gartenhaus, direkt an der Leutra, war der Einstand schon fast gelungen. Unvermittelt fiel man ins Schwäbische, gemütlich und breit: Naturforschung, Goethes Farbenlehre. Der angebrochene Nachmittag lag da, ausgestreckt vor ihnen, die Revolution konnte beginnen.

Jetzt kommt es ihm beinahe albern vor, wie ein Traum. Als sich Saalfeld vor ihnen aus der dicht bewaldeten Landschaft schält, kann er kaum glauben, dass es solche idyllischen Gegenden noch gibt. Schelling ist etwas in Bamberg verloren gegangen, etwas, das ihm das Liebste war. Wenn er nicht aufpasst, wird ihm auch der Rest genommen. Er muss seinen Platz auf dem Katheder verteidigen.

Bleischwere Zeiten:
Schelling unter Beschuss

Caroline fühlt sich erschöpft und krank. Mit Wilhelm ist sie aus Bamberg direkt nach Braunschweig gefahren, zu Luise, ihrer Schwester. Den Winter wollen sie hier verbringen, Abstand gewinnen. Augustes Tod hat ihr zugesetzt. Sie hat ihre Tochter, ihr Kleinod, ihr Alles verloren, das Leben ihres Lebens. Und sie muss dieses Dasein fortsetzen, solange es dem Himmel gefällt. Was sie sich jetzt nur noch wünscht, ist Ruhe.

Über Schellings Gemütszustand ist sie im Bilde. Aus seinen Briefen spricht nichts als abgrundtiefe Melancholie. Sein Leid kann nicht an das ihre heranreichen, nicht im Entferntesten. Aber im Gegensatz zu ihm ist sie aus der Lethargie erwacht, dieser bleischweren Müdigkeit. Als Mutter weiß sie Auguste nach wie vor an ihrer Seite, sieht sie, wenn sie die Augen schließt, vor sich, wie sie in wallenden Kleidern und mit geflochtenem Haar durchs Zimmer springt. Keinen Augenblick weicht das geliebte Kind von ihr, solange sie an sie denkt, während Schelling, verlassen von allen, tiefer und tiefer in den Strudel göttlicher Traurigkeit hineingezogen wird.

Entbehrungsreiche Zeiten sind das, in denen sie sich plötzlich mehr um Schelling kümmern muss, als sie sich um sich selbst kümmern kann, geschweige denn, dass Schelling sich um sie, die Mutter, die gerade ihr Kind verloren hat, kümmern könnte. Caroline fühlt sich verantwortlich für ihn. Er braucht jemanden, der ihn aufrichtet, aus dessen Zuspruch er wieder Zuversicht schöpfen kann.

In dieser Situation wird Goethe zu Carolines letzter Hoffnung. Niemand sonst, so glaubt sie, kann Schelling jetzt noch retten. Ein gutes Wort des Geheimrates, ein Wink, das würde schon genügen, mehr als der bloßen Teilnehmung bedarf es nicht.

Sie weiß, dass Goethe im Herbst nicht wenig Mühe darauf verwendet hat, Schellings *System des transzendentalen Idealismus* zu studieren. Satz für Satz. In täglichen Kolloquien hat er sich von Niethammer einen ganzen Monat in die Gedankenwelt Schellings einführen und die Haupträtsel entsiegeln lassen.

Caroline bittet Goethe, Schelling aus seiner zermürbenden Einsamkeit herauszulocken. Sie fleht ihn förmlich an. Wenn er noch Hoffnung auf Schelling habe, wenn ihm irgendetwas an ihm gelegen sei und dem, was er bisher auf dem Gebiet der Philosophie geleistet habe, werde er ihr Drängen verstehen.

*

Mit jedem Tag heizt die *Allgemeine Literatur-Zeitung* die Stimmung weiter an. Gegründet 1785 vom Weimarer Großkaufmann Friedrich Justin Bertuch, redaktionell betreut vom Altertumswissenschaftler Christian Gottfried Schütz, vom Juristen Hufeland und vom Dichter Christoph Martin Wieland, hat sich die Zeitschrift rasch zu einem der führenden deutschen Rezensionsorgane gemausert, innerhalb nur eines Monats hatte die Zahl der Abonnenten die Tausendermarke überstiegen. In der Redaktion fühlen sich alle der kantischen Philosophie verpflichtet. Manche behaupten sogar, Kants *Kritik der reinen Vernunft* wäre ohne ihre Unterstützung zur Makulatur geworden.

Die Zeitung hat Macht, und die bündelt sie nun gegen Schelling. Sie nimmt den Tod von Auguste zum Anlass, eine grundsätzliche Debatte über den Brownianismus zu führen und die Prinzipien der sogenannten Naturphilosophie, die sie für nichts als höchst verfeinerten, aber umso gefährlicheren Obskurantismus hält – pure Schwärmerei. Auf der Universität promoviert zu werden, Thesen zu disputieren, das ist eine Sache; eine vollkommen andere, in der Absicht, jemanden idealisch zu heilen, ihn real zu töten.

Der medizinische Fall ›Auguste Böhmer‹ ist zu einer öffentlichen Angelegenheit geworden: Auf der einen Seite die Befürworter einer spekulativen Naturphilosophie, auf der anderen Seite die Verteidiger einer am Kantianismus orientierten, methodisch abgesicherten Naturwissenschaft – über diesem Konflikt, der schon lange gärt, gerät der Tod des Mädchens fast zur Nebensache.

Auch die Streitigkeiten aus dem vergangenen Herbst leben jetzt wieder auf. Schellings Idee, die Transzendentalphilosophie so zu vertiefen, dass sie in die Naturphilosophie übergeht, war damals zum Zielpunkt der Kritik geworden. Zwei anonyme Rezensionen waren in der *Allgemeinen Literatur-Zeitung* erschienen, die eine von einem Physiker, die andere von einem Philosophen. Beide hatten kein gutes Haar an den *Ideen zu einer Philosophie der Natur* gelassen. Schellings Versuch, eine dritte, klärende Rezension von Steffens zu lancieren, war an den Betonköpfen der Herren Redakteure abgeprallt.

Am Tenor der Kritik hat sich nichts geändert: Mag die naturphilosophische Methode in der ein oder anderen Hinsicht auch originell sein, gründlich – das heißt: wissenschaftlich – ist sie keineswegs.

Die Vorwürfe zehren an Schelling. Nicht, dass sie ihn im mindesten verunsichern könnten, im Gegenteil: Sie bestärken ihn in seiner Überzeugung – eine neue Wissenschaft, entworfen für ein neues Jahrhundert, ist durch solch schülerhafte Artikel, wie sie das Blatt zu bieten hat, nicht zu erschüttern. Aber es kostet Kraft, ungemein viel Kraft, sich gegen die ständigen Angriffe zu wehren, den Streit mit allen Mitteln der Publizistik auszufechten. Kraft, die ihm in mancher Abendstunde, wenn es totenstill um ihn wird, fehlt.

Seine ehemaligen Weggefährten haben sich von ihm losgesagt, von ihnen hat er keine Hilfe zu erwarten. Der Bruch mit Fichte ist besiegelt, der verübelt ihm noch immer die Sache mit dem *Kritischen Institut*. Fritz und Dorothea haben sich indes eine eigene Wohnung genommen. Auch sie machen ihm Vorwürfe, er hätte Augustes Tod mitzuverschulden. Bei seiner Rückkehr hat Schelling das Haus in der Leutragasse 5 verlassen vorgefunden. Wo man früher gemeinsam gelebt und gestritten hat, herrscht unaufgeräumte Stille. Ausgerechnet Wilhelm stärkt ihm den Rücken und verteidigt ihn, wo er kann. Er lässt sich nicht in die Rolle des eifersüchtigen, um seine Stieftochter gebrachten Ehemanns drängen.

Schelling steckt bis zum Hals in der Krise, Depressionen plagen ihn. Da, in der äußersten Not, erreicht ihn ein Brief aus Weimar. Der Geheimrat bittet ihn, die Zeit zwischen den Jahren in Weimar zu verbringen. Im Kreis von Freunden. Und noch jemand hat sich gemeldet, Schelling konnte seinen eigenen Augen kaum trauen: Sein alter Studienfreund Hegel hat sein Kommen angekündigt. Rückhalt in bleischweren Zeiten.

*

In Weimar ist das neue Jahrhundert angebrochen. Zu Hause am Frauenplan bleiben Goethe, Schelling und Schiller unter sich. Wie unspektakulär sich die großen Brüche doch vollziehen. Nicht einmal die Korken knallen wild durcheinander.

Eigentlich sollte es eine große Feier geben, besonders Schiller hatte beim Herzog dafür geworben. Eine Art römischer Karneval war geplant, Masken auf den Straßen und Plätzen, ein Volksfest mit Buden auf der Esplanade, dazu eine einmalige Festnacht im Theater, Speisen im Parterre, während einzelne Akte und Szenen aus dem vorhandenen Repertoire auf der Bühne dargebracht werden. August Wilhelm Iffland, Deutschlands erster Schauspieler, sollte nach Weimar kommen, ebenso wie der umjubelte Ferdinand Fleck, der am Hoftheater die Rolle des Wallenstein übernommen hatte, dazu zweihundert Gäste, mindestens. Eine neue Epoche wartet auf ihren Auftritt: toi, toi, toi.

Die Pläne fanden breiten Anklang, der Herzog aber machte sie zunichte. Die politische Lage sei zu angespannt, die Gesellschaft zu zerrissen für ein solches Fest – zumal, wenn es zu Ehren eines neuen Jahrhunderts abgehalten werde, von dem man noch nicht wisse, was man von ihm zu halten habe. Die Aussichten jedenfalls sind nicht gerade rosig: Carl August fürchtet Ausschreitungen, auch in Weimar. Erst vor Kurzem hat es ein Duell gegeben, wegen einer Nichtigkeit, eines Tanzes mit einer Frau auf dem Hofball. So sind die Zeiten, explosiv. Der eine Duellant, ein Dichter, und nicht mal ein schlechter, hat dabei tiefe Schnittwunden am Bein erlitten. Seine linke Wade ist zerhauen, fast wäre er daran verblutet. Wie der Degen dahin kommen konnte, mag ein Kunstfechter erklären. Dann ist da noch der weiterhin schwelende Konflikt zwischen Kotzebue und seinen Anhängern auf der einen und dem Kreis um die Schlegels auf der anderen Seite, aus dem sich leicht ein Eklat entwickeln könnte. Vom finanziellen Aufwand ganz zu schweigen. Regierungsrat Voigt, der sich schon gefragt hatte, wie man überhaupt zweihundert Gäste angesichts knapper Staatskassen bewirten solle, atmet erleichtert auf. In unruhigen Zeiten ist eine stille, ernste Feier ohnehin viel angebrachter als ein lautes Fest.

Selbst als am 26. Dezember schließlich ein Maskenball in der Alten Caße stattfindet, dem umgebauten Stadthaus am Markt, will keine festliche Stimmung aufkommen. Nachdem Caroline Goethe ersucht hatte, Schelling über die Weihnachtsfeiertage und Silvester zu sich zu nehmen, ist dieser zusammen mit Steffens nach Weimar gereist. Auch Schiller ist zugegen. Angeheitert vom Champagner, plaudert Goethe unbefangen, geradezu übermütig, während Schiller immer ernster wird und sich in Monologen über ästhetische Fragen ergießt. Goethe versucht ihn aus dem Konzept zu bringen, hört nicht auf zu sticheln. Steffens bleibt auffallend nüchtern. Schelling beobachtet das Geschehen von seinem Stuhl in der Ecke aus und prostet dem Geheimrat verhalten zu.

Gerade als Steffens sich in der Nacht nach Jena verabschieden will, tritt Hufeland dazu. Der Arzt braucht eine Weile, um sich im Raum zu orientieren, er kann nur noch mit dem linken

Auge sehen. Der unglückliche Vorfall, wie könnte er ihn vergessen: Er war bei kalter, nasser Witterung im offenen Wagen zu einem Kranken unterwegs, drei Stunden Fahrt insgesamt, durchnässt und durchgefroren war er zurückgekehrt. Goethes *Hermann und Dorothea* lag auf dem Tisch, Hufeland nahm das Buch, begierig, es zu lesen, und las es durch, mit großer Anstrengung, in einem Zug, bei Kerzenschein, bis Mitternacht. Als er am nächsten Morgen aufwachte, war das rechte Auge blind, nichts als dunkle, graue Wolken. Selbst er als Arzt konnte sich das nicht erklären. Hufeland musste sich einschränken, seine Studien zur Pathologie unterbrechen. Beirren lassen hat er sich durch den Vorfall nicht und bald die Arbeit wieder aufgenommen. Nachdem er dem russischen Zaren, der ihn bereits mehrfach umworben hatte, bisher immer eine Absage erteilt hat, zugunsten des Herzogs und der Universität Jena, hat er jetzt einen Ruf nach Berlin erhalten, Leibarzt des preußischen Königs soll er werden und erster Mann der Charité.

Hufeland spürt genau, dass sich der Ton in den letzten Jahren in Jena verschärft hat. Die Französische Revolution, der überall aufkeimende Jakobinismus, die Marseillaise, die neuerdings allerorten gesungen wird. Unter den Monarchen und Herrschern des Landes hat sich Misstrauen breitgemacht. Das gilt auch für den Weimarer Herzog, der, spätestens seit Fichte die Universität verlassen musste, nicht mehr so häufig in Jena anzutreffen ist. Carl August hat das dringend benötigte Krankenhaus, das Hufeland bei seiner Berufung versprochen wurde, mit keiner Silbe mehr erwähnt. Unbehagen auch an der Universität, man erwartet nichts Gutes für die Zukunft, die Sache mit Fichte spricht Bände.

In Preußen sitzt mit Friedrich Wilhelm III. ein König auf dem Thron, der vor innenpolitischen Reformen nicht zurückschreckt, und da in Jena die Aussichten trüber werden, will Hufeland diesmal die Chance ergreifen: ein großes Krankenhaus und ein weniger beengtes Leben in der liberaleren Gesellschaft einer großen Stadt.

Es fühlt sich für Schelling an wie Verrat, dass jemand wie Hufeland, eine Institution in Jena und Weimar, gerade nach Berlin geht, erst Fichte, jetzt er. Wer weiß, vielleicht übernimmt ja bald Röschlaub aus Bamberg seine Nachfolge. Ansonsten werden sich hier schon bald die Reihen wieder lichten und die Studentenzahlen sinken.

Lange halten Goethe, Schelling und Schiller am Silvesterabend nicht durch. Kurz nach Mitternacht löst man die kleine Runde auf. In die Windischengasse hat es Schiller nicht weit, Schelling wird bei Goethe bleiben. Für das Neujahrskonzert steht Haydns *Schöpfung* auf dem Programm.

*

In Braunschweig wird an diesem besonderen Silvesterabend groß gefeiert. Caroline und Wilhelm haben jedoch beschlossen, zu Hause zu bleiben. Ihnen ist nicht nach Festivität und Ausgelassenheit zumute. Luise verschwindet kurz auf einen Ball, aber auch sie kehrt bereits um zehn Uhr zurück, um nach ihrer Schwester zu sehen.

Der Tod Augustes hat Caroline und Wilhelm einander wieder nähergebracht. Allerdings lassen sich die Verwerfungen der letzten beiden Jahre nicht rückgängig machen. Wilhelm merkt, dass Caroline ganz bei Schelling ist, ständig an ihn denken muss. Jeden Tag erwartet sie die Post, zählt morgens die Viertelstunden, bis sie eintrifft.

Zu Weihnachten hat Caroline ihm einen englischen Überrock geschickt. Er war nicht als Weihnachtsgeschenk gedacht. Warm halten sollte er vor allem, auch wenn er die ersten Male noch einige Haare lassen, es viel an den übrigen Kleidern auszubürsten geben wird. Aber bequem ist er, man hat die Arme frei, um die Freundin darin zu umarmen. Von Schelling hat sie einen Ring bekommen; auf der Ringinnenseite ist in feiner Gravur sein Name zu lesen, sechs Buchstaben: ›Joseph‹.

Während der Silvesterabend voranschreitet, nickt Wilhelm irgendwann auf dem Sofa in der oberen Stube ein, er fühlt sich nicht gut. Fast verschläft er den Beginn des neuen Jahrhunderts, das nach den vielen Diskussionen endlich in den Startlöchern steht.

Erst als es zwölf schlägt, schreckt er plötzlich auf. Caroline, die mit ihrer Schwester einen Apfelpunsch mit Zimtlikör aufgesetzt hat, kommt gerade die Stufen herauf. Aus dem Salon dringen noch immer die Schläge der Uhr. Wilhelm geht ihr entgegen, sie bleiben auf der Treppe, auf halber Höhe, stehen und schauen sich an, aber da ist nichts mehr – zwei Jahrhunderte, einander fremd geworden. Von draußen, vor dem Fenster, hört man, wie der alte Nachtwächter sein Lied anstimmt.

Hegel und die Nussknacker: Philosophie ist kein Studentenfutter

Unbändig ist die Freude, als Schelling seinen alten Freund aus Tübinger Tagen wieder in die Arme schließen kann: Hegel ist da, und er plant, länger in Jena zu bleiben. Gemeinsam mit Hölderlin hatten sie eine Stube im Tübinger Stift bewohnt. Groß sind die Worte gewesen, mit denen sie sich damals verabschiedet haben. Die Losung verhieß nicht weniger als das »Reich Gottes« oder die »unsichtbare Kirche auf Erden«, sie lautete Freiheit und Vernunft.

Berühmte Namen sind mit dem Stift verbunden: Philipp Nicodemus Frischlin, Johannes Kepler, Friedrich Christoph Oetinger. Hölderlin, Hegel und Schelling haben sich damals geschworen, dass auch ihre Namen einst in der Reihe der Absolventen hervorleuchten werden.

Hölderlin und Hegel, beide 1770 geboren, kommen mit achtzehn auf die Universität und zum Wohnen ins Stift. Schelling, Jahrgang 1775, stößt zwei Jahre später dazu. Er ist begabt, außerordentlich sogar, und ausgestattet mit einem Selbstbewusstsein wie ein kleiner Gott. Seine Heroen heißen Platon, Herder, Kant. Als man auf der Lateinschule in Nürtingen feststellt, dass man ihm ja doch nichts mehr beibringen kann, was er sich nicht schon längst selber beigebracht hätte, und auch die Klosterschule in Bebenhausen mit ihrem Latein am Ende ist, erhält er per Sondergenehmigung im Alter von fünfzehn Jahren die Erlaubnis zum Studium in Tübingen.

Theologie, für dieses Studienfach haben sich alle drei entschieden. Schließlich soll einmal etwas Anständiges aus ihnen werden, gern sähen ihre Väter sie als Pfarrer oder Lehrer – als Philosophen oder Dichter sicher nicht. Bald lässt sich erahnen, dass aus diesen Wünschen wohl nichts wird.

Gemeinsam beobachten Hölderlin, Hegel und Schelling den Aufstieg zuerst der kantischen, dann der Fichte'schen Philosophie – und feiern ihn frenetisch. Genauso wie sie den Geist der Französischen Revolution willkommen heißen. Man liest französische Zeitungen, verschlingt die eintreffenden Nachrichten. Besonders Hegel interessiert sich für die Tagespolitik, die Ereignisse in Frankreich, mehr als für die theologische Sophisterei.

Es geht ihnen nicht bloß um politische Freiheit oder Freiheit vom dogmatischen Zwang, die sich mit einem Schlag herstellen ließe. In einem viel umfassenderen Sinne begreifen sie Freiheit als einen unendlichen Prozess der Befreiung der menschlichen Gattung als solcher, eine ständige Herausforderung bestehender Beschränkungen und Grenzen, auch der eigenen. Aufbruchsstimmung ist zu spüren: Ging mit Kant die Sonne auf, so strahlt sie mit Fichte schon derart hell, dass sich die Sumpfnebel bald zerstreut haben werden. Diese tiefe Hoffnung, die die drei Stubengenossen teilen, hält sie während des drögen Stiftsalltags leidlich über Wasser.

Die Tübinger Universität, eine der ältesten Europas, ist Ausbildungsstätte für den Schul- und Kirchendienst. Ansonsten gibt es im Herzogtum Württemberg noch die sogenannte Karlsschule in der Residenzstadt Stuttgart, die in der Regel von Medizinern und Juristen besucht wird.

Neben Stuttgart wirkt Tübingen wie aus der Zeit gefallen. Die Straßen sind eng, krumm und schlecht gepflastert, abends kaum beleuchtet. In vielen Gassen liegen Misthaufen vor den Häusern. Für eine Stadt, die sich die zweite Haupt- und Residenzstadt nennt, eine berühmte Universität und ein Hofgericht beherbergt, untragbare Zustände. Der Kontrast ist umso schärfer spürbar, als Tübingen in einer landschaftlich ausnehmend schönen Gegend liegt, direkt am Neckar, von Wiesen, Weinbergen und Obstgärten umgeben. Südwestlich der Stadt, am Rande der Schwäbischen Alb, erhebt sich die Burg Hohenzollern, der Stammsitz der preußischen Könige, seit dem Österreichischen Erbfolgekrieg vor fünfzig Jahren allerdings von französischen Truppen besetzt.

Das Leben am Stift ist ganz vom schwäbischen Pietismus geprägt. Fromm, arbeitsam, demütig. Es gilt noch die Stiftsordnung von 1752, der Tagesablauf ist immer gleich: Um sechs Uhr aufstehen, lateinische Predigten, Psalmenlesen, mehr wird zum Frühstück nicht gereicht. Anschließend drei Lektionen, und um elf Uhr Mittag. Während der gemeinsamen Mahlzeiten werden Predigten gehalten, etwa zehn Minuten, jeder muss einmal ran, wird dafür aber durch ein Mehr an Kost entschädigt. Freier Ausgang bis zwei Uhr. In der Stadt heißen die Stiftler auch die »Schwarzen«, ihrer ebenso strengen wie streng kontrollierten Tracht wegen. Mantel, Halskragen, Schnallenschuhe, alles andere ist verboten.

Am Nachmittag Kirche, Lektionen, Kolleg und am Montag

das wöchentliche Examen durch einen Repetenten. Nach dem Abendessen um sechs Uhr wieder freier Ausgang bis zum Abendläuten. Wehe denen, die dann nicht zurück sind. Auf den Stuben Disput, Tabak, Kartenspielen. Famuli, Aufseher, Hausknechte schleichen umher, spionieren auf den Gängen, versuchen etwas Verbotenes aufzuspüren, das sie an ihre Herren, die Leiter des Stifts, weiterreichen können, irgendetwas, das sie steigen lässt in deren Gunst.

In dieses leblose Räderwerk bricht die kantische Philosophie mit einer Wucht ein, die mit der Ansage, dem öffentlich gelehrten Aberglauben an den Kragen zu wollen, vor allem eines verheißt: Freiheit. An langen Abenden wird die *Kritik der reinen Vernunft* studiert, gemeinsam, Seite für Seite.

Nur bei Hegel hält sich die Begeisterung in Grenzen, die kantische Lehre erscheint ihm als trockene Begriffsklauberei. Er ist in Tübingen bekannt für seine schwäbische Schwerfälligkeit, bedächtig und altklug wirkt er, liebt Bier und Wein und spielt für sein Leben gern Tarock. Auf Karikaturen von seinen Kommilitonen taucht er als »alter Mann«, gebückt dahinschleichend, mit Krücke auf. Statt Kant liest er lieber Jean-Jacques Rousseau. Bei dem fasziniert ihn die Idee von einem Staat, in dem sich nicht einfach die *volonté de tous*, die Summe aller einzelnen Willen, ausdrückt, sondern die *volonté générale*, der Gesamtwille aller Menschen.

Aber Orthodoxie und Dogmatismus lassen sich nicht so leicht beirren. Aufklärung herrscht in Schwaben weiterhin allenfalls im Wolff'schen, also im streng rationalistischen Sinne. Wer sich dagegen ausspricht, mehr will als das, dem bleibt nichts übrig als außer Landes zu gehen, wie das vor

Illustration zu Jean-Jacques Rousseaus *Abhandlung über den Ursprung und die Grundlagen der Ungleichheit unter den Menschen*; Kupferstich von Nicolas de Launay nach Jean-Michel Moreau, 1778

einem Jahrzehnt der bisher größte Sohn des Landes, Friedrich Schiller, erfahren musste.

Der Wille zum Ungehorsam ist da: Eines Sonntags, an einem klaren Frühlingsmorgen, ziehen Hegel und Schelling mit einigen Freunden los und errichten auf einer großen Wiese unmittelbar vor der Stadt einen Freiheitsbaum, ganz wie die Jakobiner in Paris. *Vive la liberté!* Die Sache fliegt auf, aber der Herzog in Stuttgart zeigt sich milde und begnügt sich mit einem Tadel gegen den »Geist der Widersetzlichkeit«.

Nach dem Studium 1793 muss sich Hegel entscheiden. Über Schiller versucht Gotthold Stäudlin, ein gemeinsamer Freund aus Stuttgart, ihm die Hofmeisterstelle bei Charlotte von Kalb in Waltershausen zu vermitteln, unweit von Meiningen. Gleichzeitig erhält er ein Angebot aus Bern. Weil ihn die politischen Verhältnisse in der Schweiz interessieren, entscheidet sich Hegel für Bern. Statt seiner nimmt Hölderlin die Stelle in Waltershausen an. Er möchte zur engsten Gefolgschaft Fichtes im nahen Jena gehören. Hinein ins Gemenge.

Hölderlin schreibt oft an Schelling, der damals kurz vor seinem theologischen Examen steht und schon eine erste Schrift – *Über die Möglichkeit einer Form der Philosophie überhaupt* – veröffentlicht hat, die sogar Fichtes Aufmerksamkeit erregt, und hält Kontakt zu Hegel. Mit seinem Studienkollegen Isaac von Sinclair teilt er sich bald ein Gartenhäuschen vor der Stadt und diskutiert ganze Abende hindurch mit Fichte und Novalis, der ebenfalls die Vorlesungen zur Wissenschaftslehre besucht, über Religion und Offenbarung und darüber, was der Philosophie alles noch bevorsteht – sie ist noch lange nicht am Ende.

Im Mai 1795 verlässt Hölderlin die Stadt überstürzt, weil er glaubt, Schiller, neben Fichte sein großes Vorbild, enttäuscht zu haben. Er will mit niemandem darüber sprechen, was vorgefallen ist, zu groß ist die Scham.

Hölderlin geht nach Frankfurt, wo er bald darauf Hegel trifft, der sich ebenfalls dort um eine Hauslehrerstelle beworben hat. Schelling ist indessen als Hauslehrer bei der Familie Riedesel gelandet, zunächst in Stuttgart, dann in Leipzig, publiziert eine Schrift nach der anderen, bevor er mit der Unterstützung Goethes einen kräftigen Anlauf auf Jena nimmt. Dass er nun ausgerechnet hier seinen alten Freund Hegel wieder trifft, weckt Erinnerungen daran, wie es sich anfühlt, sich mit anderen gegen den Rest der Welt zu verbünden.

*

Das Programm, dem sich Hölderlin, Hegel und Schelling in Tübingen verschrieben haben, ist radikal. Sie sind der Überzeugung, die von Kant ausgerufene Revolution der Denkart müsse durch eine zweite, der Welt und dem Leben zugewandte Revolution vollendet werden, eine Umkehr, die aus der Entzweiung der Gegenwart mit sich herausführt. Kant selbst hatte von seiner Philosophie als einer Revolution gesprochen, weil sie auf dem Gebiet der Metaphysik das nachholt, was durch die Revolution der Denkart auf dem Gebiet der Physik längst zum wissenschaftlichen Standard gehört. Genau, wie man dort hatte begreifen müssen, dass die Vernunft nur das versteht, was sie selbst nach ihrem Entwurf hervorbringt, muss sich auf dem Gebiet der Metaphysik nun einsehen, dass wir von den Dingen nichts erkennen können, als was wir selbst in sie hineinlegen.

Dass sich die Gegenstände nach *unserer* Erkenntnis richten und nicht umgekehrt, dass wir über die *Dinge an sich* nichts erfahren können, das ist der epochale Grundgedanke, mit dem Kant Licht in die Metaphysik gebracht hat, die bislang im Dunkel der bloßen Spekulationen herumgetappt ist.

Kant hat dem Wort ›Wissenschaft‹ eine neue Bedeutung gegeben. Es gibt allgemeine und notwendige Prinzipien, die aller Erkenntnis a priori, das heißt: noch vor aller Erfahrung zugrunde liegen. Auf der Seite des Verstandes sind das die zwölf Kategorien, unter ihnen auch das von David Hume ehedem in den Bereich der bloßen Gewohnheit verwiesene Kausalitätsprinzip; auf der Seite der Sinnlichkeit sind das die beiden Formen der Anschauung, Raum und Zeit. Kant hatte damit gegen Hume gezeigt, dass eine objektiv gültige Erkenntnis möglich sei. Doch mit einer bloßen Reform der Wissenschaft, wie Kant sie angestoßen hat, will man sich in Tübingen nicht zufriedengeben. Kants Revolution treibt die Gegenrevolution aus sich hervor, mit der entscheidenden Pointe, dass diese sich als Fortführung eben der Revolution versteht.

Das Problem, das Hölderlin, Hegel und Schelling bei Kant auszumachen glauben und das fortan unter dem Topos von Prämissen und Resultaten unter denen Schule machen wird, die nicht dem Buchstaben, sondern dem Geist des Philosophen folgen wollen, besteht in dem Dilemma, dass die Formen unserer Erkenntnis, die alles mögliche Wissen fundieren, selber noch einmal einer Fundierung bedürfen. Kant hat sie postuliert, aber nicht im strengen Sinne abgeleitet. Der menschliche Geist muss zwar seine eigene Beschränktheit erkennen, aber jede Schranke ist einmal errichtet worden, keine ist ursprünglich. Die Grenzlinien der kritischen Philosophie sind bloß *subjektive* Grenzlinien: hier die Welt der Erscheinungen, da die Welt der Dinge selbst. Um über die von Kant gezogenen Grenzen hinauszukommen, muss man hinter sie zurück: Es scheint, als hätten Hölderlin, Hegel und Schelling es auf eine ungleich radikalere Revolution im Denken abgesehen, die auf eben diesen ersten Ursprung aller Erkenntnis zielt. Mit Kant über Kant hinaus.

Ein Philosoph, der ihnen dabei in konzeptioneller Hinsicht zu Hilfe kommt, ist Friedrich Heinrich Jacobi, Privatmann aus Düsseldorf, ansässig auf seinem Landgut Pempelfort in Westfalen. Eine gute Generation älter als die drei, steht er mit den bekanntesten Menschen seiner Zeit – Herder, Lessing, Hamann, Mendelssohn, Goethe – in Kontakt.

Jacobi, der sich als »privilegierten Ketzer des Idealismus« bezeichnet, ist 1785 mit seiner Schrift *Über die Lehre des Spinoza in Briefen an den Herrn Moses Mendelssohn* bekannt geworden. Darin widmet er sich einem Philosophen, den eigentlich niemand mehr liest, der vielen als ›toter Hund‹ gilt: Baruch de Spinoza. »Deus sive natura« heißt dessen Devise: »Gott oder auch Natur«, es gibt keinen Unterschied zwischen beidem. Gott und die wirkliche Welt fallen in eins. Er ist die unbedingte Substanz, und wer das Verhältnis der Dinge zueinander erkennt, begreift das Wesen Gottes. Alles ist notwendig, determiniert – und durch den Verstand erfassbar. Für einen Schöpfergott, gleich welcher Religion, ist da kein Platz – eine ketzerische Lehre, für die Spinoza Mitte des vorigen Jahrhunderts aus der Amsterdamer jüdischen Gemeinschaft ausgestoßen wurde.

Aber die eigentliche Spitze des Spinoza-Büchleins besteht darin, dass Jacobi behauptet, Lessing habe sich gut ein halbes Jahr vor seinem Tod, im Juli 1780, zum Spinozismus bekannt. Die Gemüter in den Salons der Berliner Aufklärung sind aufs Äußerste erregt: Die Lehre Spinozas, das bedeutet Fatalismus, Nihilismus, Atheismus. Wer sich auf die Seite Spinozas stellt, ist zweifellos ein Gottesleugner. Und gerade Lessing soll das getan haben? Sein Andenken ist in Gefahr.

Mendelssohn setzt zu einer groß angelegten Verteidigung des Freundes an. *Morgenstunden oder Vorlesung über das Daseyn Gottes* heißt die Schrift, in der er gegen Jacobi Stellung bezieht. Insbesondere die Anschuldigung des Atheismus darf nicht unkommentiert bleiben. Was auf Lessing ein schlechtes Licht wirft, bringt auch den Kreis der Berliner Aufklärer in Verruf, die sich um Mendelssohn geschart haben. Seiner Auffassung nach kann es durchaus einen mit Moral und Religion zu vereinbarenden »geläuterten Spinozismus« geben, der sich mit der Existenz eines Schöpfergottes verbinden ließe.

Die Debatte zieht immer weitere Kreise. Goethe und Herder schließen sich der Position Mendelssohns vorbehaltlos an. Allerdings setzt ihm, Mendelssohn, das Gerangel um die veröffentlichte Korrespondenz mit Jacobi zusehends zu. Wenige Tage, nachdem er das Manuskript seiner Schrift *An die Freunde Lessings* zur Druckerei gebracht hat, stirbt er völlig unerwartet. Man vermutet, dass er, gesundheitlich ohnehin angeschlagen, sich auf dem Weg dorthin – bei scharfer Kälte, ohne Überrock – eine Erkältung zugezogen hat. Als zuletzt auch noch Karl Philipp Moritz, Mendelssohns Protegé, in die Debatte eingreift, um Mendelssohns Tod zu rächen, schreitet Dorothea, seine Tochter, ein. Sie, die ihren ersten Unterricht vom Vater bekommen hat und auf seinen Willen hin bereits mit vierzehn dem Berliner Bankier Simon Veit versprochen wurde, den sie vor drei Jahren geheiratet hat, mahnt an, Haltung zu bewahren. Es sei alles schlimm genug.

Jacobi ist von Anfang an gebannt von Spinozas Denken, insbesondere von seiner Ethik, die Spinoza glaubt nach streng geometrischer, also mathematischer Methode ableiten zu können, fasziniert allerdings auf besondere Weise: Was Spinoza sagt, lässt sich nicht widerlegen, seine Schlüsse sind ja alle korrekt. Ist aber das, was Spinoza sagt, nur weil er sich nicht widerspricht, schon wahr? Jacobi verneint das entschieden. Die Wahrheit liegt nicht eingeschlossen wie in einer Nuss, die das Denken bloß zu knacken bräuchte. Philosophie ist kein Studentenfutter.

Für Jacobi ist der Spinozismus die Negativfolie, auf der er sein eigenes Denken entfaltet: Zwar hat Spinoza recht, dass sich das Dasein Gottes beweisen lässt, aber nur sofern man Gott als notwendigen Zusammenhang aller Dinge begreift; wenn man aber den lebendigen Gott, den Gott der Schöpfung, retten möchte, dann muss man sich aus dem System hinauskatapultieren, einen »salto mortale« wagen – einen Sprung ins Ungewisse.

So todesmutig wie Jacobi wollen Hölderlin, Hegel und Schelling bei aller Bewunderung nicht sein. Aber sie haben verstanden: Wenn es ein System der Philosophie gibt – und auch Kant hatte ja mit seiner Vernunftkritik ein solches Systemdenken im Sinn gehabt –, dann hat es Spinoza bereits entwickelt. Hölderlin, Hegel und Schelling sind elektrisiert von so viel Raffinesse. Sie begreifen, dass Jacobis Auseinandersetzung mit Spinoza zugleich eine Kritik an Kant ist, an der Offenheit und Widersprüchlichkeit seines Systems, das chamäleonhaft zwischen Idealismus und Realismus schwankt, unentschieden in der Mitte schwebt. Im Gegensatz zu Jacobi glauben sie aber, dass gerade Spinozas Denken – wenn man es nicht auf die göttliche Substanz, sondern auf das Subjekt bezieht – Freiheit verspricht: die Fähigkeit, inmitten einer deterministisch imprägnierten Welt von selbst einen Anfang zu setzen.

Genau das ist es, was die Tübinger Stiftsgenossen suchen. Sie treibt die Sehnsucht nach der großen, umfassenden Einheit alles Denkens und Seins, die aus der Zerrissenheit der Gegenwart herausführt, das *hen kai pan* Heraklits, das nach ihrer Lesart nur in der menschlichen Freiheit verwirklicht werden kann.

Hen kai pan – ›Eins und Alles‹, genau das schreibt Hölderlin seinem Stubengenossen Hegel ins Stammbuch, bevor sich die Wege der drei Freunde trennen. Im Reich der Freiheit, das haben sie einander geschworen, wollen sie sich wiedersehen.

∗

Als Hegel in Jena eintrifft, ist vom »alten Mann«, der einstigen Schwerfälligkeit, nichts mehr zu spüren. Die Umstände, die ihn dazu gebracht haben, nun endlich in die akademische Sphäre zu wechseln, sind jedoch eher trauriger Natur. Im letzten Jahr ist sein Vater gestorben, sein Bruder, seine Schwester und er haben das Vermögen unter sich aufgeteilt. Unerwartet viel Geld auf einmal. Und Geld bedeutet Unabhängigkeit, Zeit, die angefangenen Studien zu Ende zu bringen. Schon schießt ihm Jena durch den Kopf, wo sein alter Stiftskollege Schelling lehrt.

Jena ist auch nach Fichtes Weggang ein Mekka für Philosophen. Das Vorlesungsverzeichnis strotzt nur so vor einschlägigen Kollegien, vom alten Dogmatismus bis zur neuesten Naturphilosophie alles dabei, die Konkurrenz ist groß. Jeder hat sein eigenes System – und Anhänger, die bereit sind, die Philosophie ihres Meisters als allein seligmachend gegen alle anderen zu behaupten. Auch Friedrich Schlegel, der Herausgeber des umstrittenen *Athenaeums,* das vor Kurzem aufgrund mangelnder Subskriptionen eingestellt worden ist, hält neuerdings Vorlesungen an der Fakultät.

Aus der Ferne hat Hegel Schellings Aufstieg verfolgt. Fast ehrfürchtig steht er ihm jetzt gegenüber. Aber Hegel will mitmischen, sein eigenes System entwerfen, das noch besser werden soll als das des Freundes, wenngleich er ihm das vorerst nicht auf die Nase binden wird.

Schelling freut sich bereits auf die bevorstehenden Gespräche mit dem alten Freund, besonders jetzt, wo ihm so viele Weggefährten den Rücken gekehrt haben, Caroline in Braunschweig ist und er sich gegen Fritz behaupten muss. Ihr ursprüngliches Projekt, das sie in Tübingen zusammen erdacht haben, hat nichts von seiner Aktualität verloren.

Angekommen in Jena, stürzt sich Hegel sofort ins Gefecht. Er hat schon zu viel Zeit verloren. Hegel ist bei seiner Ankunft einunddreißig Jahre alt, Schelling war mit dreiundzwanzig außerordentlicher Professor. Um das eigene Profil, die eigene Position zu schärfen, arbeitet er nun an einer Schrift über die Differenz des Fichte'schen und Schelling'schen Systems. Terrain abstecken.

Eine Arbeit über die Bahnen der Planeten ist ebenfalls bereits in Arbeit, mit der er sich habilitieren möchte. Eine naturphilosophische Studie, nicht zuletzt ein Zugeständnis an Schelling. Darin will er nicht nur den scharfsinnigen Nachweis führen, dass in der Bewegung der himmlischen Körper Vernunft herrscht, sondern er setzt auch das Denken eines einstigen Tübinger Stiftlers und schwäbischen Landsmannes fort, Johannes Kepler.

Hegel ist mit Kepler von der uralten platonischen Vorstellung einer »harmonia mundi«, einer harmonischen Weltordnung, überzeugt: Die Welt lasse sich durch die Vernunft begreifen; Kepler, nicht Newton, habe die elliptische Form der Planetenbewegung als Erster formuliert, wenn auch nicht im strengen Sinne hergeleitet. Um dies nun nachzuholen, lässt Hegel keinen der berühmten Mathematiker, Physiker, Philosophen oder Astronomen unstudiert. Schon Platon hatte im *Timaeus* eine Zahlenreihe angegeben, nach welcher der Demiurg, der erste unter den Werkmeistern und Schöpfern, das Weltall gebildet hat: 1, 2, 3, 4, 9, 16, 27. Aus einer solchen Reihe ließe sich noch alles deduzieren: die Umlaufbahnen der Planeten, die Flugkurven der Kometen, die Entfernung zwischen den Gestirnen – eine Vermessung des Weltalls, ganz ohne Fernrohr.

Nach Schiller, Paulus, Niethammer und Schelling ist mit Hegel nun ein weiterer Schwabe nach Jena gegangen. Es scheint, als wollten alle Schwaben emigrieren, im dritten Jahrhundert ihres Bestehens die Universität neu errichten. Bald heißt es, Schelling habe sich einen rüstigen Unterstützer aus dem Vaterland nach Jena geholt, der nun noch einmal klarstellen soll, dass Fichtes Zeit abgelaufen sei. Das Gelände ist vermint. Und doch muss es eingehend erkundet werden.

Auch Schlegels Vorlesungen über Transzendentalphilosophie sucht Hegel auf. Anfang Februar, nachdem die Vorlesungen schon über drei Monate laufen, stößt er gerade noch rechtzeitig dazu, um den entscheidenden Schlussabschnitt über die »Rückkehr der Philosophie in sich selbst« zu hören, in dem Schlegel darlegt, warum alle Philosophie dialektisch zu sein habe und nicht rein logisch.

Unterkunft findet Hegel vorerst bei Johann Dietrich Klippstein, der im Botanischen Garten arbeitet und nebenher eine kleine Baumschule unweit der Stadtgrenze betreibt. Gries, Schellings Famulus, wohnt gleich nebenan, das erleichtert die Eingewöhnung. Vielleicht wird Hegel demnächst mit Schelling zusammenziehen. Sogar Pläne, gemeinsam eine Zeitschrift herauszubringen, gibt es. Die Beziehung, die Goethe und Schiller zueinander pflegen, ist von ihrer von Grund auf verschieden, trotzdem gelten Schelling und Hegel als das neue Dreamteam.

Kant in fünfzehn Minuten: Germaine de Staël lässt bitten

Als die berühmte französische Schriftstellerin Anfang März 1804 in Berlin eintrifft, befindet sich die Stadt gerade mitten in den Vorbereitungen zum Geburtstagsball für Königin Luise. Man heißt sie willkommen als Ehrengast, fühlt sich durch ihre Anwesenheit geschmeichelt.

Auch in Berlin entgeht Germaine de Staël keine Gelegenheit, ihren unersättlichen Durst nach Wissen, deutscher Philosophie und Poesie zu stillen. Beim Diner lässt sie sich das philosophische Werk Fichtes erklären, mal eben so, um wenig später den Philosophen selbst, der ihrem rasenden Französisch kaum folgen kann, mit halbseidenen Kenntnissen über die Entgegensetzung von Ich und Welt, und wie man das praktische Streben zwischen diesen Polen vermittelt, zu überrumpeln. Ständig ist sie auf der Suche nach neuem Material für ihr Buch, das immer weiter wächst. Fichte, verschreckt von so viel Temperament, gibt sein Bestes, Transzendentalphilosophie in fünfzehn Minuten, fünfzehn Jahre wären dafür nicht genug. Madame ist es egal, das reicht, das reicht!

Von Napoleon aus Paris verjagt, hat sie sich auf eine Deutschlandreise begeben, um Material für ihre Deutschlandschrift zu sammeln: *De l'Allemagne.* Ein Brückenschlag zwischen der französischen und der deutschen Kultur. Sie ist fasziniert von diesem spröden Land, seiner Philosophie und seiner Poesie, von der man in Frankreich doch so gar nichts weiß.

Benjamin Constant, mit dem sie eine Tochter hat und eine nervenaufreibende Beziehung führt – wie man hört, ist er nicht der einzige Mann in ihrem Leben –, war es, der sie mit dieser Liebe angesteckt und ihr klargemacht hat, dass die deutsche Literatur nicht länger Zielscheibe des Spottes sein dürfe, dass vor allem die deutsche Philosophie gebildeter, unparteiischer, exakter, jedenfalls wahrheitsliebender, mutiger und maßvoller sei als die französische und englische. Seit sie Goethes *Werther*, zuerst in französischer Übersetzung, gelesen hat – neben der *Neuen Heloise* von Rousseau für sie einer der wichtigsten Romane der neueren Literatur –, ist ihr die französische Sprache, die französische Literatur, die französische Nation zu eng. Über all das will sie schreiben: die Sitten und was den Deutschen daran noch mangelt; die deutsche Literatur, die hoch über die aller anderen Nationen herausragt; und die Philosophie, die zurzeit in voller Blüte steht.

Der, dem dieses Land so viel zu verdanken hat, ist erst vorigen Monat hochbetagt im fernen Königsberg gestorben – Immanuel Kant. Kein einziges Mal hat er seine Heimatstadt verlassen und ist doch der meistdiskutierte Autor Europas geworden. Ein Philosoph, der sich trotz seines hohen Alters bis zuletzt nicht überlebt hat und der auch nach seinem Tod so bald nicht an Aktualität verlieren wird. Ein Mensch, der die Grenze zweier Epochen in der Philosophie verkörpert.

Die deutsche Philosophie lässt de Staël nur umso stärker fühlen, woran es ihr, der Unbeugsamen, von Napoleon aus dem

Louis Le Coeur, *Feier zu Ehren der Kaiserkrönung von Napoleon I. Bonaparte in Paris*, 1804

Land Vertriebenen, fehlt: ein Ort, an dem sie einkehren, zu sich kommen kann. Geradezu dankbar steht sie, als sie schließlich Deutsch lernt, den eigentümlichen Wörtern dieser Sprache gegenüber, »Heimweh« zum Beispiel, in dem sich das schmerzliche, nie ganz zu stillende Verlangen ausdrückt, dorthin zurückzukehren, wo noch niemand war. Ja, Heimweh empfindet sie, wo immer man sie jetzt in Deutschland empfängt, trotz all der Zuneigung, die man ihr schenkt, trotz all der Festivitäten, Diners, Soupers und Bälle zu ihren Ehren.

In Weimar, am Musenhof, ist sie mit ihrer Entourage gewesen. Zwei Wochen wollte sie bleiben, am Ende sind es zweieinhalb Monate geworden. Was für ein Empfang vom Herzog, und erst von Goethe höchstpersönlich, der ihr einst eine Ausgabe des *Wilhelm Meister* schickte, ein Geschenk, das sie damals, auch wegen der mangelnden Sprachkenntnisse, noch gar nicht recht zu schätzen wusste. Jetzt ist die Situation eine vollkommen andere. Ihr jüngstes Buch *Über die Literatur in ihren Verhältnissen mit den gesellschaftlichen Einrichtungen und dem Geiste der Zeit* ist in aller Munde. In dieser Weise hat bislang niemand untersucht, wie literarische Werke durch das konkrete Umfeld geprägt sind, in dem sie entstehen. Gesellschaft, Klima, Geographie, alles muss berücksichtigt werden.

Nichts gibt es, was Madame nicht interessiert. Sie redet schnell, Goethe muss aufpassen, dass er den Faden, mit dem sie hin und her springt, nicht verliert. Auch mit Böttiger, dem ewigen Klatschmaul, hat sie sich in Weimar getroffen. Ihn treibt weiterhin sein Projekt, den Zeitgenossen aus Jena und Weimar ein literarisches Denkmal zu setzen, doch will es sich einfach nicht fügen. Seit Jahren verfolgt er de Staëls literarische

Ambitionen. Wie sich herausstellt, hat er schon 1797, kurz nachdem die deutsche Übersetzung erschienen war, ihr Buch *Über den Einfluss der Leidenschaften auf das Glück ganzer Nationen und einzelner Menschen* gelesen und darüber mit Wilhelm Schlegel diskutiert. Genau den hat Goethe ihr für ihr aktuelles Buchprojekt ans Herz gelegt, jenen Professor, der ihm selbst in Fragen von Stil, Metrik und literarischer Übersetzung so oft hilfreich gewesen, vor drei Jahren aber in die preußische Hauptstadt gewechselt sei. Vorlesungen halte er dort über schöne Literatur und Künste.

Als de Staël die Stadt Richtung Berlin verlässt, ist Goethe froh, nicht noch tiefer in die Angelegenheit hineingezogen worden zu sein. Anstrengend ist es, bei jeder Gelegenheit in Gespräche verwickelt zu werden, von denen man weiß, dass sie gnadenlos literarisch ausgeschlachtet werden. Schon Böttiger geht ihm deshalb furchtbar auf die Nerven. Nach ihrer Abreise ist ihm zumute, als hätte er eine lange, zähe Krankheit ausgestanden.

Nachdem sich die Aufregung des Anfangs gelegt hat – halb Berlin hat ihr seine Aufwartung gemacht hat, Prinzen, Herzöge, Diplomaten –, tut de Staël endlich das, weshalb sie hergekommen ist: Sie besucht die Vorlesung von August Wilhelm Schlegel.

Goethe hat wirklich nicht zu viel versprochen: Genau so hat sie sich den Herrn Professor vorgestellt, klug, unterhaltsam und charmant. Gerade schön anzuschauen ist er als Mann zwar nicht, zumindest nicht in ihren Augen, aber das muss er auch nicht sein – dass dies der ideale Kollege, Hauslehrer für ihre Kinder, Begleiter für alle Lebenslagen wäre, merkt sie gleich.

Niemand versteht sich besser auf Literatur, Geist, auf die Wissenschaften als dieser Mann; er spricht Französisch wie ein Franzose, Englisch wie ein Engländer, und es gibt kaum etwas, das er nicht gelesen hat.

De Staël zögert keinen Augenblick, tut, was sie kann, um Wilhelm zu bewegen, mit ihr zu kommen. Er ist natürlich zu bedeutend, um ihre Kinder zu erziehen, sie braucht ihn für sich selbst: Es kann keinen besseren Ratgeber für ihr Buch geben als ihn, ein unschätzbarer Gewinn für ihre Bildungsreise durch Europa, ein wandelndes Lexikon, ein echtes Souvenir.

Kaum hat sie ihm das Angebot unterbreitet, erfährt sie, dass ihr Vater, der sich auf Schloss Coppet am Genfer See befindet, schwer erkrankt ist. Düstere Vorahnungen suchen sie heim. Erst das Vaterland, jetzt der eigene Vater.

Noch am selben Tag beschließt sie abzureisen, früher als geplant. Wilhelm muss sich schnell entscheiden – und sagt zu. Was hält ihn denn zurück? Von Caroline ist er seit einem Jahr geschieden, er ist hochverschuldet, und de Staël bietet ihm ein großzügiges Gehalt. Aber es sind nicht nur finanzielle Gründe, die ihn bewegen, mit ihr abzureisen, es ist auch die Lust, ein neues Kapitel in seinem Leben aufzuschlagen, alles hinter sich zu lassen – die akademische Lehre ebenso wie das unglückliche, noch nicht abgeschlossene Liebesverhältnis mit Sophie Bernhardi, der Schwester Ludwig Tiecks, die nicht ganz unschuldig an seiner desaströsen finanziellen Lage ist –, um sich an der Seite einer gefeierten Schriftstellerin in eine verheißungsvolle Zukunft zu stürzen. In Genf möchte sie eine neue *Republique des Lettres* errichten, weltoffen, liberal, unprätentiös, anknüpfen an die Tradition der Pariser Salons, als sich Diderot,

Hemsterhuis, D'Alembert, Buffon und Melchior Grimm trafen. Eine übernatürliche Macht geht von ihr aus, nutzlos dagegen anzukämpfen. Erneut ist Wilhelm bereit, sein Schicksal in die Hände eines anderen Menschen zu legen. Er glaubt nun endlich gefunden zu haben, wonach er sucht.

Gemeinsam mit de Staël verlässt Wilhelm schließlich am 19. April 1804 die preußische Hauptstadt. In Weimar will man auf Constant treffen, der Nachricht vom Gesundheitszustand ihres Vaters bringen soll. Auch Würzburg ist als Zwischenstation eingeplant, wo Schelling und Caroline mittlerweile leben.

Als er in die Kutsche steigt, die Schatten der Linden vorüberziehen sieht, kommt es Wilhelm beinahe wie ein endgültiger Abschied vor, als solle er Berlin, das alles hier, nie wiedersehen.

*

Caroline kann es selbst kaum glauben. Aber zum vielleicht ersten Mal in ihrem Leben hat sie das Gefühl, es ist für immer. Dorothea Caroline Albertine, geborene Michaelis, verwitwete Böhmer, geschiedene Schlegel, wiederverheiratete Schelling. Bei diesem Namen soll es, wird es bleiben.

Die Heirat mit Schelling hat im allerengsten Familienkreis stattgefunden. Ende Mai 1803 – nur wenige Tage nach der Scheidung von Wilhelm – sind sie hierhin, nach Murrhardt ins Württembergische, gekommen, wo sie einen Monat später schon von Schellings Vater, Friedrich Joseph Schelling, dem neu ernannten Prälaten, getraut worden sind. Auf dem Weg nach Schwaben haben sie in Bad Bocklet Station gemacht, um sich auf dem Dorfkirchhof von Gustel den Segen zu holen.

Die Scheidung von Wilhelm ist Caroline nicht leichtgefallen. Aber sie haben beide gewusst, dass sie ihrem eigenen und dem Glück des anderen im Weg stehen. Sie sind noch nie das füreinander gewesen, was sie wollten. Auch Wilhelm nicht, obwohl er stets zu ihr gehalten hat. Unmöglich, sich dem anderen ganz, mit unbedingter Liebe hinzugeben. Mittlerweile sind sie schriftlich wieder zum ›Sie‹ übergegangen. Ihre Freundschaft aber soll weiterbestehen.

Caroline und Wilhelm wollten die Scheidung – so rasch wie möglich, ganz gleich, was die Welt reden mag. Sie wollen tun, was sie für richtig halten. Dazu brauchen sie allerdings das Einverständnis des Herzogs, und das ist schwer zu erhalten, da es weder rechtliche noch moralische Gründe für eine Beendigung der Ehe gibt. Zu Hilfe kommt ihnen glücklicherweise ein anderer Fall, den das Konsistorium vor Kurzem positiv beschieden hat: Sophie Mereau hat sich vom Jenaer Juraprofessor Friedrich Ernst Carl getrennt. Sie hatte den jungen Medizinstudenten Clemens Brentano kennengelernt, der, statt frühmorgens Leichen zu präparieren, lieber seinen literarischen Neigungen nachging, am Mittagstisch von Caroline verkehrte und der die Mereau gern nachmittags besuchte, während ihr Mann im Hörsaal war. Eine Affäre mit Folgen. Irgendwann wollen beide die Scheidung, bekommen sie schließlich zugesprochen und schaffen einen Präzedenzfall, der das Verfahren, in dem sich jetzt Wilhelm und Caroline befinden, erleichtern soll. Das hoffen sie zumindest.

Keine leichte Sache: Im Gremium sitzt neben Herder als oberstem Geistlichen auch Böttiger als Vertreter der Schulbehörde. Zu beiden hat Wilhelm nicht den besten Draht. Zu

Böttiger, diesem Knallfrosch, hat man stets Abstand gewahrt. Herder ist da schon ein anderes Kaliber. Einigen von seinen Schriften wie der *Abhandlung über den Ursprung der Sprache* verdanken er und Fritz ungemein viel, aber im *Athenaeum* hatten sie wenig Rücksicht auf den Weimarer Superintendenten genommen, mit Spott nicht gespart. Dabei war doch gerade Herders Gedanke, dass die Sprache der Empfindungen der Sprache des Verstandes nicht entgegensteht, leitend für die Idee einer Poesie gewesen, die sich zwischen den Extremen bewegt.

Üblicherweise lädt das Konsistorium die beiden Eheleute vor, um im persönlichen Gespräch die Lage zu erörtern, die letzte Chance, die Ehe noch zu retten. Herder und Böttiger bestehen auf dem Termin. Caroline bekommt die Auflage, die Stadt nicht zu verlassen. Goethe ins Vertrauen zu ziehen scheint jetzt ihre letzte Chance. Und in der Tat gelingt es ihm, Herder und Böttiger zum Einlenken zu bewegen. Der Termin wird fallen gelassen, die Schmach bleibt aus. Der Herzog gibt dem Gesuch der Noch-Eheleute statt. Zum 17. Mai 1803 erfolgt die Scheidung, woraufhin Caroline sich mit Schelling auf den Weg zu dessen Eltern macht.

Die ersten Monate ihrer Ehe wollen Schelling und sie im elterlichen Haus in Schwaben verbringen. Der Krieg verhindert die beabsichtigte Weiterreise nach Italien. Im Haus der Schwiegereltern ist Caroline willkommen. Als Theologe kennt Schelling senior Professor Michaelis, Carolines Vater, sogar einen Briefwechsel hat er mit ihm geführt. Allerdings fällt es den Eltern nicht leicht, zu akzeptieren, dass sich ihr Sohn eine zwölf Jahre ältere, geschiedene, vom König begnadigte Frau ausgesucht hat. Manchmal muss man die Vergangenheit ruhen lassen, um zu sehen, wie schön die Zukunft sein kann. An den Grenzen, da draußen, tobt der Krieg.

*

Es sind nicht mehr viele, die in Jena verblieben sind. Tieck hat sich längst nach Dresden verabschiedet, Wilhelm ist im Winter endgültig nach Berlin gegangen, um dort Vorlesungen über schöne Literatur und Künste zu halten, Fritz und Dorothea zieht es nach Paris. Novalis ruht jetzt an einem anderen Ort. Die Reihen haben sich gelichtet, der Traum ist ausgeträumt. Der schöne Turm, er liegt in Trümmern.

Auch Schelling, der sich weiterhin im Bund mit Hegel befindet, denkt jetzt, während er die Bögen für das erste Heft des *Kritischen Journal der Philosophie* zusammenstellt, immer öfter darüber nach, die Universität zu wechseln. In Preußen wird den Wissenschaftlern mehr geboten, Bayern schickt sich an, das Universitäts- und Unterrichtswesen zu reorganisieren, überall scheint es momentan besser zu sein als hier. Man muss fürchten, dass so manche Kollegien aufgrund der stark gesunkenen Studentenzahl nicht zustande kommen. Napoleons Beispiel folgend, haben sich viele Landesherren dazu entschieden, ihren Landeskindern den Besuch auswärtiger Hochschulen zu verbieten. Ein Trauerspiel. Immerhin haben er und Hegel nun die Zeitschrift gegründet. Das erste Heft soll noch Ende 1801 in den Druck.

Schelling und Hegel hoffen mit dem *Kritischen Journal* dem unphilosophischen Unwesen, das sich auf den Kanzeln des Landes und in den unzähligen Zeitschriftenpublikationen breitmacht, Einhalt zu gebieten. Die *Allgemeine Literatur-Zeitung* ist tonangebend, noch immer wird der Jenaer Kreis, die ganze Sippschaft – gleich, ob Fritz oder Wilhelm, Schelling oder Hegel – für verrückt erklärt. Zuletzt hatte Fichte Vorschläge zur Einrichtung eines *Kritisches Instituts* unterbreitet. Fritz und Wilhelm, Schelling und er – insgesamt einen Trupp von vierzehn Redakteuren wollte Fichte in Stellung bringen.

Schelling und Hegel haben von Anfang an entschieden, das *Kritische Journal* zu zweit herauszugeben. Keine Nebenschauplätze, keine Intrigen. Geschlossenheit.

Den programmatischen Einleitungsaufsatz »Über das Wesen der philosophischen Kritik überhaupt, und ihr Verhältnis zum Zustand der gegenwärtigen Philosophie insbesondere« haben sie gemeinsam verfasst, auch das ein Novum. Schelling und Hegel schreiben den Großteil der Artikel zusammen, wo nicht, halten sie es für nicht einmal nötig, die Autorschaft gesondert zu vermerken. Einer empfängt vom anderen, gibt, was er zu geben hat, die Hauptgedanken werden nach und nach gesprächsweise herausgeschält, im Nachhinein lässt sich gar nicht mehr sagen, wer den Text nun eigentlich geschrieben hat. Während Fritz und Wilhelm immer peinlich darauf bedacht waren, ihre Beiträge im *Athenaeum* mit Namenszusatz zu versehen, treten Schelling und Hegel als philosophische Einheit auf.

Auch ihnen ist die Unabhängigkeit des Geistes das Höchste, keine Frage. Auch sie wollen die Kontroverse nicht einer vorschnellen, flachen Einstimmigkeit aufopfern. Im Gegensatz zu Fritz und Wilhelm sind sie aber keine radikalen Individualisten, sondern warnen vor der Zersplitterung in Einzelheiten, wollen das System im konsequenten Sinne, das Überindividuelle. So, wie es nur *eine* Vernunft gibt, kann die Philosophie ihrem Geltungsanspruch nach nur *eine* sein; im strengen Sinne verschiedene Ansichten einer echten Pluralität kann es nicht geben, alle Ansichten sind Ansichten innerhalb des einen, einzigen Geltungsraums der Vernunft.

Das ist eine These, die Schelling und Hegel in Bezug auf die philosophische Kritik ebenfalls vertreten: Kritik ist nicht Parteisache, kein Ausdruck subjektiver Machtansprüche oder Meinungen. Ihre Aufgabe besteht vielmehr darin, die Ideen in den Dingen freizulegen, die Philosophie so von der Unphilosophie zu trennen, dass diese sich in der fortgesetzten Bewegung des Denkens wiederum selbst als Philosophie erweist. Das schließt Polemiken nicht aus – wenn nötig, machen Schelling und Hegel davon ausgiebig Gebrauch –, nur dürfen sie nicht zur Regel werden. Die Aufgabe der philosophischen Kritik besteht in der Widerlegung des Scheins.

Die Sprache der beiden ehemaligen Theologie-Studenten hat sich ebenfalls von Grund auf verändert. Das Pathos, mit dem sie einst das Reich Gottes oder die unsichtbare Kirche auf Erden heraufbeschworen, ist einem kühlen, nüchternen Ton gewichen, hier und da sind die Texte sogar mit Formeln durchsetzt. Von Identität und Differenz in Bezug auf das Absolute ist jetzt die Rede, von Form und Wesen, Produktion und Produkt, von quantitativer Indifferenz. Hegel spricht in seiner kürzlich erschienenen Schrift über die Differenz des Fichte'schen und Schelling'schen Systems sogar von der »Identität der Identität und Nichtidentität«, einer Totalität der Vernunft, die sich selbst und zugleich ihren Gegensatz in sich enthält. Kaum jemand versteht, was er damit meint.

Hegel lädt zum »spekulativen Karfreitag« ein: Gott ist tot, und weil er nicht mehr schützend seine Hand über die Menschenkinder hält, muss alles in die Nacht des Nichtwissens und des Zweifels versenkt werden. Alles auf Anfang: Mit dem Nichts muss das Denken beginnen. Wenn es sich endlich dazu entschließt, sich selbst zu betrachten, dann stellt es fest, dass das Nichts nicht nichts ist, sondern bereits etwas – ein Etwas, das durch die Vernunft in der Folge ihrer Operationen immer konkretere Gestalt annimmt, wodurch auch sie, die Vernunft, im Werden, in ständiger Bewegung begriffen ist. Die Vernunft ist kein Apparat, den der Mensch nach Wunsch bedienen könnte, sondern ein lebendiger, sich selbst hervorbringender und entwickelnder Organismus.

Ging es Hegel zunächst nur darum, in polemisch-kritischer Absicht zu zeigen, dass in allen Formen der endlichen Erkenntnis ein Widerspruch zum Vorschein kommt – und deshalb: Zweifeln an allem, gänzliche Voraussetzungslosigkeit –, so lässt sich das auf diese Weise gewonnene skeptische Verfahren durchaus in eine positive Methode ummünzen. Das Denken, das in den Prozess der Reflexion getreten ist, holt die Gegensätze, zwischen denen es oszilliert, in seiner eigenen Bewegung wieder ein. Mit dieser dialektischen Figur glaubt er nichts Neues zu sagen. Er versucht lediglich auf den Punkt zu bringen, was Schelling im Begriff eines absoluten Identitätssystems vor Augen schwebt. Nichts ist gegeben als durch die Vernunft selbst, nichts entzieht sich dem Raum ihrer Vermittlung. Schelling ist begeistert.

Ende 1801 schließlich geht das *Kritische Journal der Philosophie* in den Druck. Und schon nach der Arbeit an der ersten

Ausgabe ist klar: Hegel hat seinen eigenen Kopf, lässt sich nicht für Schellings Zwecke instrumentalisieren, denkt in manchen Punkten sogar weit radikaler als dieser, zieht die Philosophie noch stärker auf die Seite des Begriffs, der echten philosophischen Spekulation, wie er das nennt. Inzwischen ist er auch habilitiert und liest über Logik und Metaphysik. Der Skandal, den es im Frühjahr bei Fritz' Habilitation gegeben hat, hat sich bei ihm nicht wiederholt. Selbst Goethe hat bereits sein Interesse an dem neuen Mann in Jena bekundet. Naturforschung ist zwar nicht gerade Hegels Steckenpferd, aber Keplers Weltgesetz a priori zu entwickeln, wie er es in seiner Habilitation versucht hat – alle Achtung!

Die Beiträge im *Kritischen Journal* erscheinen zwar in ihrer beider Namen, aber wenn Schelling nicht aufpasst, schwingt sich sein ehemaliger Stubengenosse noch zum führenden Philosophen des neuen Jahrhunderts auf. Gleich Anfang des neuen Jahres sollen die ersten Exemplare an die Subskribenten verschickt werden – raus damit in die Welt.

Neuland bestellen:
Im Bergwerk der Poesie

Am selben Tag, an dem sich Sophies Todestag zum vierten Mal jährt, setzt der Kräfteverfall ein, rapide. Novalis fühlt sich ermattet, er spürt, ihm bleiben nur wenige Tage. Der 19. März, ein Schicksalstag. Jetzt heißt es durchhalten, Fritz hat sein Kommen angekündigt. Wie gern wäre er bei der Habilitation seines Freundes dabei gewesen.

Schon seit dem Spätsommer des letzten Jahres hat sich Novalis' gesundheitlicher Zustand verschlechtert: starke Schmerzen im Unterleib, ein nicht nachlassender Druck auf der Brust, Blut im Taschentuch. Dabei hatte das Jahr 1800 so gut begonnen: Eben erst hatte er sich mit Julie von Charpentier verlobt, Tochter des sächsischen Berghauptmanns Johann Friedrich Wilhelm von Charpentier, der, mit Goethe freundschaftlich verbunden, diesen in allen Belangen der Bergwerke in Ilmenau berät und – wie Abraham Gottlob Werner, mit dem Novalis noch immer in engem Austausch steht – an der Bergakademie Freiberg unterrichtet, wo er selbst studiert hat.

Novalis' private und berufliche Aussichten hätten kaum besser sein können. Auch seine Ernennung zum Amtshauptmann im thüringischen Kreis von Kursachsen stand unmittelbar bevor. Daneben arbeitete er an der Fortsetzung des *Heinrich von*

Ofterdingen, seine Antwort auf Goethes *Wilhelm Meister*. Der erste Teil hatte ihm Bewunderung eingebracht, ein enzyklopädisches Projekt, das eine ganze Bibliothek ausfüllen soll. Was bei Goethes *Meister* fehlte, war die Natur, das Mystische.

Diese vielversprechenden Aussichten und Pläne durchkreuzt jäh der Ausbruch der Krankheit im August. An Arbeit ist nicht mehr zu denken. Als ihn im November auch noch die Nachricht erreicht, dass sein Bruder Bernhard im Alter von vierzehn Jahren bei einem Unfall am Ufer der Saale ertrunken ist, erleidet Novalis einen Blutsturz, der ihm beinahe das Leben kostet.

Der Winter tut sein Übriges. Novalis ist kaum ein Schatten seiner selbst, erschlafft sind Körper und Geist. Sein Bruder Karl und seine Verlobte Julie sind ständig um ihn herum, pflegen ihn, so gut es geht. Selten mischt er sich ins Gespräch, hört bloß zu oder schläft gar ein, während die anderen sich unterhalten. Einem Toten ähnlich, liegt er dann da und wirkt doch, wenn der Brustkorb sich hebt und senkt, noch so lebendig.

Mitte Februar untersucht ihn Professor Stark, der schon Sophie behandelt hat. Auch er weiß keinen Rat, die Ärzte haben ihn aufgegeben. Trotzdem wirkt Novalis, als er zurück nach Weißenfels kommt, eigentümlich gelöst, beinahe heiter. Vielleicht gerade weil ihm niemand mehr helfen kann, er sich jetzt selbst überantwortet ist. Der Philosoph, der »transzendentale Arzt«, hat noch immer am besten gewusst, wie der geschundene, ohnmächtige Körper durch die allmähliche Vermehrung der inneren Reize, die Erhöhung und Bildung der eigenen Sensibilität wieder ins Gleichgewicht zu bringen ist. An seiner Begeisterung für den Brownianismus hat der tragische Tod Auguste Böhmers nichts geändert. Und siehe da:

Die Angst ist fort, fort auch das tägliche Ringen. Nur nicht den Mut verlieren, bloß nicht den Glauben. Wer den Glauben verliert, verliert alles. Das Gebet ist eine universale Arznei.

Manchmal gelingt ihm sogar noch ein Gedicht. Ansonsten liest er viel in der Bibel, geistliche Schriften, Zinzendorf, Lavater. Auch die Schriften Jakob Böhmes haben es ihm angetan: Bei dem Mystiker und Theosophen findet er Anregungen, Philosophie und Religion miteinander zu verbinden. Vielleicht lässt sich ja doch – nach Kant – so etwas wie eine ›Vernunftreligion‹ retten. Dass Sokrates die Philosophie als Einüben ins Sterben bezeichnet hat, begreift Novalis jetzt immer besser. Man muss lernen, sterben zu können, bevor man wirklich stirbt, einwilligen können in das, was als Schicksal, als unmittelbare Gewissheit vor einem steht.

Kurzzeitig glaubt Novalis noch einmal an Genesung, das Blut, der Husten, plötzlich weg, als wären sie nie da gewesen. Ein bisschen matt fühlt er sich, mehr bedrückt ihn nicht. Vielleicht wird am Ende alles gut, und er wird Erfüller einer Medizin des höheren Ich, nicht nur ihr Prophet. In den *Blütenstaub*-Fragmenten, die damals im *Athenaeum* erschienen waren, hatte er geschrieben, dass die Ewigkeit mit ihren Welten, mit Vergangenheit und Zukunft, nirgends zu finden sei als in uns selbst: »Wir träumen von einer Reise durch das Weltall, ist denn das Weltall nicht in uns?« Wenn es ihm erst wieder besser geht, dann sollen sie schon erfahren, was Poesie ist, welche herrlichen Gedichte und Lieder ihm gerade jetzt, die ganze Zeit über im Kopf umherschwirren. Die Mission ist noch lange nicht beendet.

*

Mit Dorothea, Paulus und ein paar der anderen ehemaligen *Athenaeums*-Gefährten ist Fritz heute zum Doktorschmaus in seinem alten Domizil in der Leutragasse verabredet. Dorothea hat den Abend für ihn organisiert.

Seit sie am Graben wohnen, blüht Dorothea förmlich auf. Jetzt, wo Caroline nicht mehr die tonangebende Rolle spielt, fühlt sie sich regelrecht befreit, glaubt, zu lange von ihr in die eine oder andere Richtung gedrängt worden zu sein. Zum Glück sind Caroline und Wilhelm noch nicht aus Braunschweig zurück, und das Hinterhaus steht verwaist. Der ideale Ort, um die frisch vollzogene Habilitation zu feiern, den nächsten Schritt auf der akademischen Karriereleiter, der beinahe in einem großen Skandal geendet wäre.

Bereits im Vorfeld war es zu einigen Querelen gekommen: Üblicherweise dürfen die Habilitanden ihre Opponenten für das Streitgespräch selbst benennen. Nur bei Fritz soll es auf einmal anders sein. Die prüfungsberechtigten Herren haben in den Akten gewühlt, den Staub von den Buchdeckeln geblasen und ein uraltes Gesetz hervorgekramt, nach dem es allein der Fakultät obliegt, die Opponenten zu bestimmen. Auf diesem Recht beharrt man. Basta.

Mit Johann Christian Wilhelm Augusti und Johann Friedrich Ernst Kirsten hat die Fakultät Opponenten ausgewählt, die dem Kreis um das *Athenaeum* ausgesprochen feindlich gegenüberstehen – für Fritz eine klare Provokation, man versucht ihm Steine in den Weg zu legen. Um aber nicht schon im Vorhinein für Unmut zu sorgen, verzichtet Fritz darauf, sich gegen die Schikane aufzulehnen. Als die Disputation am 14. März 1801 beginnt, wirkt er gelassen und ausgeglichen.

Weil die Probevorlesung über den platonischen Begriff des Enthusiasmus im Herbst so gut gelaufen ist, hat Fritz als Thema wieder Platon gewählt. Er spricht nun über dessen Art des Philosophierens, die seinen eigenen Ausführungen, seiner eigenen Auffassung entgegenkommt: Platon hat zwar *eine* Philosophie, braucht aber kein System; Bestand haben kann Philosophie nur als Denkbewegung, ähnlich, wie Sokrates auf dem Markt umhergeschritten ist und die Meinungen der Athener Bürger auf den Prüfstand stellte. Platon ist nie mit seinem Denken fertig geworden, er hat stets versucht, sein Streben nach vollendetem Wissen und nach Erkenntnis des Höchsten, dieses ewige Werden, Bilden und Umbilden seiner Ideen, in Gesprächen darzustellen. Fritz hat ebenso wenig vor, jemals fertig zu werden, weder mit dem Denken noch mit der Philosophie noch mit dem Leben selbst. Die ganze Philosophie ist mehr ein Suchen, ein ewiges Streben nach Wissen denn eine Wissenschaft.

Genau das macht ihm die Systemkonzeption seines Kollegen Schelling auch weiterhin verdächtig. Man kann Philosoph nur werden, man kann es eigentlich nicht sein; sobald man glaubt, Philosoph zu sein, wird man es nicht mehr werden. Fritz hat sich viel von seiner früheren Lust an der Ironie erhalten, gleichwohl will er nicht mehr direkt über sie als Methode sprechen. Sie trifft für ihn nicht mehr den Punkt.

Ausgehend von Platons Idealismusverständnis entwickelt Fritz vor der Fakultät sein eigenes Verständnis der Philosophie, kommt auf das Verhältnis des Idealismus und Realismus, Moral und Politik, Kunst und Wissenschaft, die Rolle der Poesie und der Einbildungskraft, den Wert der Mythologie und der Geschichte zu sprechen. Im Grunde hält Fritz natürlich seine

Philosophie für den einzig wahren Idealismus, weil es der einzige Idealismus ist, der nicht in strengen Zusammenhängen operiert, sondern die für das Denken nötige Offenheit des Fragmentarischen und Vorläufigen bereithält. Schon die Ankündigung im letzten Wintersemester, eine Vorlesung über Transzendentalphilosophie zu halten, war insofern Verstiegenheit, Stichelei gegen Schelling.

Zunächst läuft alles gut, doch mit dem letzten Opponenten Johann Christian Wilhelm Augusti, einem Theologen, kommt es zum Skandal. Augusti hat offenbar die Angewohnheit, in seine Einwände kleine Späße einzuflechten, was Fritz, nachdem er sich zuerst noch auf die Zunge beißen kann, schlussendlich auf die Palme bringt. Fritz fährt ihm über den Mund: *Tace, tace,* er solle still sein, still. Es ist genau die Situation eingetreten, vor der er sich immer gefürchtet hatte, weswegen er lange entschieden hatte, nicht den Beruf des akademischen Lehrers zu ergreifen, sondern sein Brot als freier Schriftsteller zu verdienen, unabhängig zu bleiben.

Augusti fühlt sich herausgefordert, stichelt weiter und zitiert schließlich eine Passage aus der *Lucinde*, dem *tractum eroticum Lucinda*, wie er es nennt. Kaum hat Fritz das Wort ›Lucinda‹ gehört, fällt er Augusti wieder ins Wort, wirft ihm ein »*Scurram!*« – Narr, Hochstapler – an den Kopf, zetert, schimpft: Was für ein erbärmliches Subjekt, was für ein armseliger Laden diese Akademie ist. Als der Dekan ihn zur Ruhe ermahnt – Fritz solle seinen Kontrahenten aussprechen lassen, abwarten, wofür dieser das Zitat gebrauchen wolle, seit dreißig Jahren habe es keinen solchen Skandal auf der philosophischen Bühne gegeben –, entgegnet Fritz in bestem akademischem Latein, dass es auch seit dreißig Jahren keine solche *iniustitia* gegeben habe. Die wenigen Anhänger, die ihm geblieben sind, können ihn endlich beruhigen.

Fritz bereut gar nichts, nicht im Geringsten, als er den Toast am Abend in der Leutragasse ausbringt. Mag sein, dass er mit der Beleidigung seines Opponenten eine rote Linie überschritten hat – er würde es immer wieder tun. Wie schon bei der Doktorprüfung im vergangenen Herbst musste er sich zwar Geld für die Prüfung leihen, diesmal beim Goldjungen Brentano, aber Dorothea und er bleiben zuversichtlich, dass sie in Zukunft über die Runden kommen werden.

Es gibt da allerdings eine andere Sache, die Fritz auf der Seele lastet. Sein alter Freund, den er nun bald zehn Jahre kennt, liegt im Sterben, die Ärzte haben ihn, so hört man, aufgegeben. Die Diagnose ist eindeutig: Tuberkulose. Manch einer vermutet, er habe sich bei Schiller angesteckt, den er auch während der schlimmen Krankheitsschübe oft besucht hat. Sobald sich die Aufregung um seine Habilitation gelegt hat, will Fritz nach Weißenfels aufbrechen. Er möchte Novalis, der für ihn immer ein Geistesverwandter war, noch einmal sehen.

*

Kennengelernt haben Fritz und Novalis sich 1792. Damals, als beide zum Studium der Rechte nach Leipzig kamen, und Novalis noch nicht Novalis, sondern Friedrich von Hardenberg hieß. Staatsbedienstete: Das sollten beide nach dem Willen ihrer Väter einmal werden.

Während Fritz bereits eine Kaufmannslehre in Leipzig begonnen und auch bald wieder abgebrochen hatte, studierte

Novalis in Jena Jura. Zumindest tat er so. In Wahrheit hörte er Vorlesungen bei Schiller, Geschichtsphilosophie vor allem, und knüpfte während dessen Krankheitszeit enge persönliche Kontakte zum Dichter. Eine intensive Zeit. Da sein Vater, Heinrich Ulrich Erasmus von Hardenberg, seit 1784 Direktor der kursächsischen Salinen in Artern, Kösen und Dürrenberg, das Unheil schon kommen sah, fühlte er sich nach zwei Semestern gezwungen, beim ehemaligen Hauslehrer Carl Christian Erhard Schmid, einem Kollegen Schillers, zu intervenieren: Bei einem Vieraugengespräch solle Schiller dem jungen Hardenberg sein Rechtsstudium und die ernsthafte Vorbereitung zum künftigen Geschäftsleben ans Herz legen, zu seinem eigenen Besten und zur Beförderung des Wohls der Familie. Ein Wort von Schiller wirke mehr als die abertausendste Ermahnung von ihm.

Als Novalis schließlich von Jena nach Leipzig wechselt, hat er bereits erste literarische Texte verfasst, darunter Widmungs- und Freundschaftsgedichte an August Wilhelm Schlegel, der bisher als Philologe und Literaturkritiker hervorgetreten ist. Persönlichen Kontakt zu ihm hat er noch keinen. Als mit Friedrich nun plötzlich dessen Bruder vor ihm steht, glaubt er, es bahne sich eine göttliche Fügung an, die ihm den Zugang zu einem Kreis von Gleichgesinnten eröffnet, von denen er sich endlich die Anerkennung erhofft, die ihm bisher verwehrt geblieben ist. Novalis schüttet sein Herz vor Friedrich aus, erzählt von seinen bisherigen Studien, von Schiller und von Jena, redet dreimal schneller als gewöhnlich, hält ihm zuletzt die Gedichte entgegen, fragt ihn um seine Meinung und bittet, sie – wenn möglich – seinem Bruder zu überreichen.

Friedrich nimmt die ihm unerwartet zugefallene Rolle des Kritikers an. Der junge Hardenberg gefällt ihm. Er sieht die Texte durch und erkennt zwischen all der Unbehauenheit der Sprache, dem holprigen Versmaß, zwischen den Abschweifungen, die stets vor dem eigentlichen Gegenstand haltmachen, und den üppigen, halb garen Bildern, die gerade so wirken, als stammten sie aus dem Übergang des Chaos in die Welt bei Ovid, kurz, zwischen all den Unzulänglichkeiten das Potenzial zu einem großen Dichter: Originalität, Auffassungsvermögen und eine Empfänglichkeit für alle Töne der Empfindung. Ganze Abende kann man ihm zuhören, man wird nicht müde, seinen Einfällen zu folgen: noch die alltäglichsten Gegenstände verwandeln sich durch seinen Blick in Poesie. Ein junger Mann, aus dem alles werden kann – oder nichts.

Novalis und Fritz haben nicht vor, sich in das ihnen von den Eltern vorherbestimmte Schicksal zu ergeben. Kunst, Philosophie, Religion, das ist es, was sie fasziniert. Doch während Fritz erst in Dresden, dann in Berlin die Rolle des freien Schriftstellers für sich entdeckt und gemeinsam mit seinem Bruder Wilhelm diesen ungewissen Weg verfolgt, sich auch immer tiefer in die antike und die moderne europäische Literatur und Philosophie hineingräbt – das Studium in Leipzig hat er längst geschmissen –, fügt sich Novalis mehr oder weniger in die für ihn vorgesehene Rolle und wird Anfang 1796 Assessor an der Lokalsalinendirektion in Weißenfels.

Schließlich findet er doch einen Ausweg, der es ihm erlaubt, seine poetischen Arbeiten mit seinen profanen Pflichten zu verbinden. Auch das hat er von Schiller in Jena gelernt. Der Widerspruch ist produktiv, Stachel im Fleisch des Menschen.

Erzbergbau in Freiberg, Sachsen; Kupferstich 1820 (Ausschnitt)

Er fordert heraus, die Gegensätze zu überwinden. Auf der einen Seite gibt es eben den Brotgelehrten, auf der anderen Seite den Universalgelehrten, den genau diese Fähigkeit auszeichnet: die Widersprüche in sich aufzunehmen und sukzessive zu überwinden.

Novalis nimmt ein zweites, naturwissenschaftliches Studium bei Professor Werner an der Bergakademie Freiberg auf. Hier lassen sich Philosophie und Naturforschung miteinander verbinden und zugleich die für eine Tätigkeit in der Salinendirektion erforderlichen Kenntnisse erwerben. Das und nichts anderes heißt progressive Universalpoesie: *Poiesis* in seiner ursprünglichen, griechischen Bedeutung – ›machen‹, ›erzeugen‹, schöpferisch ›hervorbringen‹ – ist kein literarisches Verfahren, sondern eine Lebenspraxis, die es jeden Tag aufs Neue einzuüben gilt, selbst wenn es um die Förderung von Kohle in den kursächsischen Gebieten geht.

Von nun an ist die Schriftstellerei nur Nebensache – die Hauptsache ist immer das praktische Leben, das sich nie bloß auf eine Sache versteht. Die Schriftstellerei hilft, als Mittel der Bildung, etwas mit Sorgfalt zu durchdenken und zu bearbeiten, zu einer vollendeten Bildung aber gehört, alles einmal gewesen zu sein: Hofmeister, Professor, Handwerker, Dichter. Hardenberg nennt sich jetzt ›Novalis‹, abgeleitet von einem uralten Beinamen seiner Familie: De novalis, die ›Neuland bestellen‹.

Bald leitet er eine Arbeitsgruppe zur Erforschung und Kartierung der Kohlevorkommen im Süden von Leipzig. In Jena trifft er im Döderlein'schen Haus wieder auf Fritz und Wilhelm. Noch das alltäglichste, von profansten Interessen durchsetzte Leben gilt es zu poetisieren. Poetisieren ist nichts als eine qualitative Potenzierung. So wird das niedere, mit allen Widrigkeiten des Irdischen beschlagene Selbst mit einem besseren, absoluten Selbst in Übereinstimmung gebracht. Indem man dem Gemeinen einen hohen Sinn, dem Gewöhnlichen ein geheimnisvolles Ansehen, dem Endlichen einen unendlichen Schein gibt, poetisiert man es. Umgekehrt bekommt das Höhere, Unbekannte, Mystische, Unendliche einen geläufigen Ausdruck, wird auf einmal nahbar, gegenwärtig, manchmal sogar bedrohlich, wie eine Krankheit, die im Grunde auch nur Ausdruck eines höheren, seelischen Zusammenhangs ist.

Als Fritz Ende März Jena verlässt, hofft er, dass Novalis mit seiner Poesie recht behält.

*

Obwohl es Novalis zusehends schlechter geht, verstehen sich die beiden Freunde bestens, als Fritz endlich in Weißenfels eintrifft: Sie tauschen sich aus, bringen einander auf den neuesten Stand, erzählen, von kleineren Pausen unterbrochen, von ihren Arbeiten und Plänen.

Zwei Tage später schlägt Novalis am frühen Morgen, merklich geschwächt, noch etwas nach. Das Frühstück wird gereicht, dann wird er schon wieder müde. Von seinem Bettlager aus bittet er Karl, etwas auf dem Klavier zu spielen. Das Buch legt er zur Seite, wie früher, als er Bücher so schnell ausgelesen hat, dass alle dachten, er habe nur darin geblättert. Dann schläft er ein, im Hintergrund die Musik, die ihn durchdringt.

Novalis fällt in einen tiefen Schlaf – ein Schlaf, aus dem er nicht mehr erwacht. Gegen Mittag bemerken Fritz, Karl und

Julie seinen Tod. Sein Atem, der letzte, ist erloschen, ohne das leiseste Anzeichen von Schmerz. Als hätte der Geist endgültig triumphiert über das Leben, das leidige, sich eine neue, leichtere Existenz verschafft.

Am Vorabend

Die Nachricht vom Ende des Heiligen Römischen Reiches Deutscher Nation hat sich im Sommer wie ein Lauffeuer verbreitet. So richtig überrascht war niemand davon. Längst war das Reich nur noch ein Spielball in den Händen Napoleons. Franz II. hat abgedankt und sich als Franz I. zum Kaiser von Österreich krönen lassen, nachdem Napoleon deutlich gemacht hatte, dass er sich nie die Reichskrone aufsetzen werde. Und doch hatte man nicht mit dem Einfall der Franzosen ins Land gerechnet. Über Nacht sind sie gekommen. Die gesamte französische Soldateska: da, auf dem Marktplatz, in Jena.

Hegel, der in der Stadt geblieben ist, hat am Morgen des 13. Oktober 1806 alle Hände voll zu tun. Auch in seiner Wohnung steht ein Trupp von sechs Mann, sie durchsuchen die Räume und nehmen, da sie kein Geld finden, Kleider, Wäsche, Kupfergefäße. Hegel bewirtet sie, so gut er kann, schafft Brot, Eier, Wurst, Branntwein herbei. Eine Einladung zum Gelage wider Willen.

Hegel hatte eine Vorahnung von den Entwicklungen, die da kommen mögen. Sein Kolleg über Logik und Metaphysik hatte er am Ende des Sommersemesters mit den Worten geschlossen, dass man sich an einem Scheidepunkt befinde, inmitten einer Gärung: Der Geist habe einen Ruck getan und stehe im

Begriff, seine Gestalt zu ändern; die Masse der bisherigen Vorstellungen, die Bande der Welt, seien aufgelöst und fielen wie Traumbilder in sich zusammen; die Philosophie habe die neue Stufe des Geistes zu begrüßen, weil sich darin das Ewige der Vernunft manifestiere; nichts wäre in diesem historischen Moment fataler, als am Vergangenen zu kleben. Damit hatte Hegel seine Studenten in die Semesterferien entlassen. Er wusste selber nicht, wie recht er behalten sollte.

Über Wochen wurden immer neue Bataillone in und um Jena und Auerstedt stationiert. Preußen machte mobil. 130.000 Preußen und 20.000 Sachsen marschierten der französischen Armee entgegen. Napoleon hatte es gewagt, den Briten das Kurfürstentum Hannover anzubieten, das Preußen erst Anfang des Jahres im Gegenzug für die politische und militärische Neutralität des Landes in der Schlacht von Austerlitz erhalten hatte, die der Feldherr im Dezember, auf den Tag genau ein Jahr nach der Kaiserkrönung, für sich hatte entscheiden können. Aber wer hätte geglaubt, dass Jena zwischen die Fronten geraten würde? Vierzig Friedensjahre seit dem Siebenjährigen Krieg haben die Stadt in eine unerschütterliche Sorglosigkeit gebracht. Die preußische Führung würde schon klug genug sein, den Schauplatz, sollte es zu Kämpfen kommen, auf die linke Seite des Rheins zu verlegen. Und selbst wenn: Die preußische Kavallerie machte einen so unverwüstlichen Eindruck, unerschütterlich wie der Geist Friedrich des Großen.

Dass der weltgeschichtliche Umbruch sich gerade hier in diesem thüringischen Universitätsstädtchen ereignen würde, direkt unter seinen Augen, hätte selbst Hegel sich nicht träumen lassen. Er hatte keinen Begriff gehabt von der atemberaubenden Schnelligkeit, niemand hatte das, auch die nicht, die das Geschehen aus nächster Nähe beobachtet hatten. Erst als am 11. Oktober 1806 die Nachricht vom Tod des Prinzen eintraf, war die Sicherheit mit einem Mal verflogen: Louis von Preußen, Kommandeur der preußischen Vorhut, in einem Gefecht bei Saalfeld gefallen, 9.000 Soldaten, die mit ihm waren, in die Flucht geschlagen. Der Krieg war im Anmarsch.

Irgendwann wird es Hegel zu bunt im Haus. Nichts ist mehr an seinem Platz. Koffer, Kisten, Schränke aufgebrochen, je fester etwas verschlossen ist, desto größer die Überzeugung, darin könnte etwas Wertvolles verborgen sein. Dort liegt ein Stuhl in der Ecke, die Polster aufgeschnitten, auf dem Boden Papier, Feder, Messer, nichts ist mehr an seinem Platz. Saubere und gebrauchte Wäsche, Brot, Lebensmittelreste, alles durcheinander.

*

Als Caroline im April 1801 aus Braunschweig nach Jena zurückkehrt, nimmt sie Quartier im Döderlein'schen Haus in der Leutragasse. Ihr Wunsch, ein Gartenhaus zu mieten, dasselbe wie damals, als sie mit Wilhelm nach Jena gekommen war, hat sich zerschlagen.

Nur widerwillig tritt sie in das alte Domizil. Fritz und Dorothea haben das Haus in einem desolaten Zustand hinterlassen. Wie Caroline gehört hat, sollen sie im vergangenen Monat hier seine Habilitation gefeiert haben, in der Stube, in der noch immer ihr Bildnis hängt. Ausgelassen muss es zugegangen sein, so wie das Haus jetzt aussieht.

Caroline schaudert es bei dem Gedanken, in dieser Bruchbude länger wohnen zu bleiben als unbedingt nötig. Aber der Mietvertrag läuft ein weiteres Jahr, die finanziellen Möglichkeiten, sich parallel dazu eine zweite Wohnung zu mieten, sind begrenzt.

Wilhelm ist von Braunschweig aus in Richtung Berlin aufgebrochen. Dort möchte er Vorlesungen über schöne Literatur und Kunst halten. An Übersetzungsarbeit, Shakespeare, Calderón, ist ebenfalls noch einiges zu leisten, und dafür hat er nun endlich einen Verleger gefunden. Fast scheint es Caroline, als würde eine Scheidung nicht mehr nur ihr, sondern auch ihm neues Leben verleihen.

※

Was an Papieren nicht in die Tasche passt, hat Hegel sich unter den Arm geklemmt. Es sind die letzten Bögen seines gerade fertiggestellten Manuskripts, mit denen er seine Wohnung auf dem alten Fechtboden neben dem Roten Turm verlässt. Den Großteil hat er schon letzte Woche nach Bamberg an den Verlag geschickt. Er kann nur hoffen, dass es seinen Weg gefunden hat – nicht auszudenken, sollte auch nur ein Teil davon verloren gehen, er wüsste es kaum zu ersetzen, vom Honorar, das ihm noch zusteht, ganz zu schweigen. Der Titel steht fest: *Phänomenologie des Geistes*. Es soll alles in den Schatten stellen, was es philosophisch bis dato gegeben hat, ein Jahrhundertwerk. Den Rest der Bücher und Papiere überlässt er seinem Schicksal. Was er braucht, hat er bei sich.

Von seiner Wohnung am Graben ist er zum Verleger Frommann geflüchtet. Dessen Haus, hinter der hohen, unscheinbaren Toreinfahrt am Fürstengraben gelegen, gehört – schmucklos, wie es ist – zu den wenigen, die von den Plünderungen verschont geblieben sind. Umsichtig und besonnen hat vor allem die Frau des Hauses, Johanna, reagiert, als die ersten Franzosen mit Fackeln durch die Stadt gezogen sind. Die Pforte im Hof verriegelt, die Fensterläden zur Straße verschlossen, in den Zimmern die Rollos heruntergelassen.

Erst mit dem Eintreffen der regulären Truppen hatte man sich zu erkennen gegeben und das Haus für Einquartierungen geöffnet. Seither kampieren bis zu acht Offiziere mit ihren Leuten im Verlagshaus, ein ganzer Reitstall im Hof. Zusammen mit allen Jenensern, die hier wie Hegel Zuflucht gesucht haben, lagern an die hundertdreißig Menschen auf Betten und Stroh.

Auf dem Weg zu Frommann hat Hegel ihn gesehen. Bereits am Mittag war die bevorstehende Ankunft des Kaisers angekündigt worden. Viele hielten bald diesen, bald jenen Marschall für Napoleon. Die, die glaubten, ihn bereits gesehen zu haben, kannten ihn nicht, und die, die ihn kannten, hatten ihn bis jetzt noch nicht gesehen. In Pantoffeln stand Hegel da, die Stiefel hatte man ihm von den Füßen gezogen. Zeuge ist er geworden, wie die Weltseele, umringt von ihrer Entourage, durchs Tor zur Stadt eingeritten kam, die Zukunft Europas, konzentriert auf einen Punkt. Genau das tun Weltseelen nämlich: Sie durchdringen den Weltkörper von seinem innersten Zentrum aus bis an die äußerste Peripherie, sie bringen das Ganze und die Teile, und seien sie auch noch so unbedeutend, in ein organisches Verhältnis, Mikrokosmos und Makrokosmos, von der Erde zum Himmel und zurück.

Napoleon Bonaparte, das ist für Hegel weniger das militärische Genie, der Held von Austerlitz und Beherrscher des europäischen Kontinents, sondern der große Staatsrechtslehrer, Schöpfer des *Code Napoléon*, eines nach den Idealen der Revolutionen organisierten bürgerlichen Zivilrechts, des vielleicht bedeutendsten Rechtswerks der jüngeren Geschichte. Unmöglich, ihn dafür nicht zu bewundern.

Frommanns sind fürs Erste vor Plünderungen und etwaigen Zwischenfällen geschützt. Die Generäle, Offiziere und Soldaten wissen das Entgegenkommen des Hauses zu schätzen und die einfallenden Rotten mit gezogenem Säbel und Gewehr im Anschlag zu vertreiben. Hier wird Hegel die nächsten Tage bleiben können.

*

Ende 1801 verlassen Fritz und Dorothea endgültig Jena. Das Ziel ist Paris, die alte Hauptstadt der Philosophie und die Hauptstadt der neuen Welt. Nur etwas mehr als zwei Jahre ist es her, dass sie zu Caroline und Wilhelm nach Jena gezogen sind, und doch fühlt es sich an wie eine Ewigkeit.

Paris ist für Fritz und Dorothea ein Versprechen: Nicht weil sie diesen Ort so sehr lieben oder den kulturellen Austausch zwischen Deutschen und Franzosen befördern wollen, sondern weil die Stadt für einen freien Schriftsteller, einen freien Geist wie Fritz die besten Verdienstmöglichkeiten bietet. Die Luft in Deutschland macht leibeigen.

Fritz hat Georg Forster vor Augen, der damals nach der zerschlagenen Revolution in Mainz seine Arbeiten in der französischen Hauptstadt auf vielfältige Weise zu Geld machen konnte. Während in Deutschland alles gewaltsam unterdrückt wird, ist Paris populär, weltoffen, synthetisch nach allen Seiten hin – und zudem die Kunstkammer Europas: Von überallher haben die napoleonischen Raubritter ihre Beute hergebracht. In keiner anderen europäischen Stadt ist mehr Kunst zu sehen, sind bedeutendere Namen zu studieren. Verglichen damit nimmt sich die Gemäldegalerie in Dresden geradezu wie eine Rumpelkammer aus.

Im Frühjahr, kurz bevor Frankreich und das Heilige Römische Reich in Lunéville einen Friedensvertrag unterzeichnet und damit den Zweiten Koalitionskrieg beendet haben, ist Dorotheas Roman, an dem sie all die Jahre gearbeitet hat, unter dem Titel *Florentin* erschienen – anonym, versteht sich. Ob der zweite Teil der *Lucinde*, an dem Fritz mittlerweile eine halbe Ewigkeit sitzt, je erscheinen wird: Dorothea glaubt selbst nicht mehr daran. In Jene lebt sich's bene – schon lange nicht mehr.

*

So hat sich niemand den Krieg hier vorgestellt, ganz sicher nicht. Niemand hat eine Vorstellung vom Krieg, der ihn nicht gesehen hat, und selbst wer glaubt, ihn gesehen zu haben, kennt ihn nicht, weil der Krieg immer wieder ein anderer ist. Was heißt es schon, mit dem Leben davongekommen zu sein, wenn man nun mit ansehen muss, wie die Leichname aus der Stadtkirche St. Michael, die vorübergehend zum Lazarett umfunktioniert worden ist, herausgetragen, auf Leiterwagen gestapelt und ohne alle Bedeckung – nackt – zur ewigen Ruhe vor die Tore der Stadt befördert werden? In der Kirche selbst warten mehr und mehr Verwundete darauf, dass man sie versorgt. Über ihnen der Erzengel Michael, der den Teufel in Gestalt eines Drachen besiegt hatte und dadurch selber auf die

Erde hinabgeworfen worden war. Die gewaltigen Melodien der Orgel und der Chorgesang der Gemeinde: verstummt.

Die »begriffene Geschichte«, hatte Hegel im letzten Satz seiner *Phänomenologie der Geistes* geschrieben, ist die »Schädelstätte des absoluten Geistes«, nach einer Seite ist sie noch immer der Geist in Form der Zufälligkeit des erscheinenden Daseins, nach ihrer anderen Seite aber die »Wissenschaft des erscheinenden Wissens«, eine Wissenschaft, zu der er mit seiner *Phänomenologie der Geistes* selbst die methodischen Grundlagen gelegt hat.

In Jena wird Hegel nicht bleiben können. So oder so. Was er jetzt braucht, ist ein geregeltes Auskommen. In Bamberg könnte er vielleicht eine Stelle als Redakteur einer politischen Zeitung bekommen. Schon um die letzten Korrekturen in die Fahnen einzuarbeiten, die entstandenen Versäumnisse aufzuholen, würde es sich lohnen, dort einen Teil des Winters zu verbringen. Wahrscheinlich ist das Manuskript auf dem Weg dorthin in Unordnung geraten, Bögen, als wären es Lotterielose. Niethammer hat in Bamberg eine Anstellung im Schulwesen gefunden. Bei ihm könnte er fürs Erste wohnen. Irgendwie muss er, Hegel, möglichst schnell wieder auf die Beine kommen. Die Zeit drängt. Der Krieg hat viele Gesichter.

Hegel will einen Brief aufsetzen, unbedingt, an Niethammer soll er gehen, er will ihm von alldem hier erzählen. Er wird erzählen vom 13. Oktober 1806, dem Tag, an dem das preußisch-sächsische Heer aus der Stadt floh, sich davonmachte und den Weg für die französischen Truppen freigab. Erzählen vom Vorabend der Schlacht bei Jena und Auerstedt, in der die preußische Armee eine vernichtende Niederlage erlitten hat, nachdem der Herzog von Braunschweig, Karl Wilhelm Ferdinand, ein Bruder der Weimarer Herzoginmutter Anna Amalia, schwer verwundet das Feld räumen musste, weil ihm eine von der Seite kommende Gewehrkugel beide Augen zerschmettert hatte. Auf einer Bahre musste er davongetragen werden, so arg hatte es den Oberbefehlshaber erwischt. Erzählen vom Döderlein'schen Haus, das von den immer wieder aufflammenden Bränden in der Stadt verschont geblieben ist. Erzählen vom Brief, den Goethe wenige Tage später aus Weimar geschickt hat, um sich zu erkundigen, wie es um seine Freunde in Jena stehe, dem Herzog und der Herzogin gehe es gut.

Der Semesteranfang ist bis auf Weiteres verschoben.

Lebenswege:
Was aus ihnen wurde

Novalis

Der Freund ist tot, aber sein Werk lebt weiter. Schon ein Jahr, nachdem Novalis in Weißenfels gestorben ist, tragen Friedrich Schlegel und Ludwig Tieck zusammen, was sie zusammenbekommen: Liegengebliebenes, Verstreutes, Übergangenes. Eine Ausgabe der gesammelten Schriften soll entstehen: von den noch zu Lebzeiten veröffentlichten *Hymnen an die Nacht* bis zum Fragment gebliebenen Roman *Heinrich von Ofterdingen*. Auch das Manuskript der Rede, die der Gefährte im November 1799 in Jena gehalten hat, fällt Schlegel und Tieck in die Hände. Sie beschließen, sie in Auszügen zu veröffentlichen, vollständig erscheint sie erst in einer Neuauflage der Schriften von 1826. Novalis' Werk wird schnell zum Inbegriff der Romantik, das Symbol der Blauen Blume, das er geprägt hat, zum Sinnbild der Suche nach dem Unendlichen, das sich uns immer wieder entzieht. In einer entzauberten Welt klingt sein Ruf nach einer Wiederverzauberung nur umso heller.

August Wilhelm Schlegel

Er hat es nicht anders gewollt: Bis 1817 bleibt Wilhelm in den Diensten von Germaine de Staël, über dreizehn Jahre, eine unendlich lange Zeit. Gott sei Dank führen ihn Reisen immer wieder heraus aus der kleinen Schweiz, nach Wien, Paris, Dresden und Weimar. Die Übersetzungen gehen indessen gut voran: Dante, Cervantes, Calderón, Shakespeare. Erst der Tod de Staëls löst die Verbindung. Wilhelm kehrt in den Hörsaal zurück und wird Inhaber des ersten Lehrstuhls für Indologie in Deutschland an der neugegründeten Universität Bonn. Heinrich Heine hört bei ihm die Literaturvorlesung. Schlegels Übersetzungen der Shakespeare-Klassiker gehören heute selbst zu den Klassikern der modernen Literatur.

Caroline Schelling

Dankbar ist Caroline, nun endlich mit Schelling verheiratet zu sein. Er ist das Letzte, das ihr geblieben ist. Leicht hat sie es auch in Würzburg und München nicht, wohin sie ihrem Mann ohne zu zögern gefolgt ist. Noch immer ist sie gesellschaftlichen Anfeindungen ausgesetzt, gilt als »Frau Luzifer«, ihre Vergangenheit will sie einfach nicht loslassen. Immerhin: In

München trifft man Clemens Brentano wieder, auch Tieck ist zeitweise da. Aber der Kreis um das Ehepaar Schelling bleibt überschaubar. Am 7. September 1809 ereilt sie während eines Besuchs bei Schellings Eltern in Maulbronn dasselbe Schicksal wie ihre Tochter Auguste. Und wie damals sieht Schelling sich in eine tiefe Lebenskrise gestoßen, aus der er diesmal aber nicht wieder herausfindet. Den Obelisken auf Carolines Grab ziert die Inschrift: »Ruhe sanft, du fromme Seele, bis zur ewigen Wiedervereinigung. Gott, vor dem du bist, lohne in dir die Liebe und Treue, die stärker ist als der Tod.« Es gibt Risse, die keine Zeit heilt.

Friedrich Wilhelm Joseph Schelling

Ende 1803 verlässt auch Schelling Jena: Der Kurfürst Max Joseph von Bayern wünscht ihn an der Universität Würzburg zu sehen. Aber auch Würzburg bleibt nur eine Episode. Schon im Frühjahr 1806 wechselt er in den bayerischen Staatsdienst. Hier trifft er einen alten Bekannten wieder, mit dem er mittlerweile in offener Feindschaft lebt: Friedrich Heinrich Jacobi, der als Präsident der Bayerischen Akademie der Wissenschaften in München sein direkter Vorgesetzter ist. Nachdem Goethe 1816 eine Wiederberufung Schellings nach Jena vereitelt, führt ihn eine Honorarprofessur 1821 nach Erlangen, bevor er 1827 schließlich an die neugründete Ludwig-Maximilians-Universität berufen wird. Der Moment, den Schelling herbeigesehnt hat, kommt 1841: Er wird auf den Lehrstuhl Hegels in Berlin berufen, der 1831 gestorben ist. Auch ihr Verhältnis hatte sich zuletzt zu offener Feindschaft entwickelt. Umso größer die Genugtuung. Der Zulauf ist groß: Søren Kierkegaard, Friedrich Engels und Jacob Burckhardt gehören zu seinen Zuhörern. Auf den Höhenflug folgt der Sturz. Bald sitzen nur noch ein paar Versprengte im Hörsaal. Schelling zieht sich zurück und stirbt im Alter von 79 Jahren 1854 während einer Kur in der Schweiz. Seine Philosophie hat keine Schule begründet und bleibt im Schatten Hegels. Erst Martin Heidegger entdeckt ihn als denjenigen unter den deutschen Idealisten wieder, der das Denken am entschiedensten über sich selbst hinausgetrieben habe. Heute ist Schellings Naturbegriff aktueller denn je. Die Idee, dass die Natur immer schon Geist ist, sensibilisiert auch für den Umgang mit ihr.

Dorothea Schlegel

Ihrem Ex-Mann Simon Veit hatte sie versprochen, nicht zum Christentum zu konvertieren, um das Sorgerecht für ihren Sohn zu behalten. Als die Trauung mit Fritz 1804 in Paris ansteht, ist es dann aber so weit: Dorothea Veit, die Tochter aus angesehenem jüdischen Haus, wird Protestantin, nur vier Jahre später sogar Katholikin. Ebenso wie Fritz ist sie von diesem Schritt überzeugt, glaubt, dass es außerhalb des christlichen Glaubens kein Heil geben könne. Nach dem Tod ihres Mannes 1829 in Dresden geht sie mit ihrem Sohn, der zu einem bildenden Künstler von Rang herangereift ist, nach Frankfurt am Main, wo Philipp Veit Direktor des Städel Museums wird. Ebenda, in Frankfurt, stirbt Dorothea zehn Jahre später. Als Schriftstellerin und Übersetzerin ist sie eine der zentralen Frauenfiguren um 1800, die ihr Recht auf Selbstbestimmung nicht nur einklagen, sondern es sich nötigenfalls auch nehmen.

Friedrich Schlegel

Angekommen in Paris, sucht Fritz Anschluss an das intellektuelle Leben. Schon bald hält er Vorlesungen, vertieft sich immer stärker in das Sprachstudium, Persisch, Sanskrit. Die Gelegenheit ist günstig, weil mit dem Sanskrit-Forscher Alexander Hamilton aus England einer der Experten für indische Sprache als Untermieter direkt bei ihnen im Haus wohnt. Fritz entdeckt den Orient für Europa, wie er die Antike seinerzeit entdeckt hatte, und beginnt, eine Zeitschrift, *Europa*, herauszugeben. Als eines Tages die wohlhabenden Kölner Kaufmannssöhne Sulpiz und Melchior Boisserée Pension bei Dorothea und Fritz beziehen, bahnt sich eine neue Perspektive an. Die Kölner sind derart von Fritz überzeugt, dass sie ihn einladen, in die Stadt am Rhein zu kommen. Einzige Bedingung: die Eheschließung mit Dorothea, die zuvor ihrerseits zum Christentum konvertieren muss. In aller Heimlichkeit, vier Tage, nachdem sich Napoleon in Notre-Dame eigenhändig zum Kaiser der Franzosen gekrönt hat, gehen Taufe und Heirat über die Bühne. Aber die Odyssee des Geistes ist auch mit dieser nächsten Station noch nicht beendet. 1808 geht Fritz zusammen mit Dorothea nach Wien, hält Vorlesungen über die Philosophie des Lebens und stirbt 1829 völlig unerwartet an einem Schlaganfall, während eines Aufenthaltes in Dresden. Schlegels Theorie des Romans hat das Sprechen über Literatur revolutioniert: Der Leser bekommt die Rolle des Geburtshelfers, erst seine fortdauernde kritische Selbstreflexion überführt den Text ins Leben und gestaltet ihn immer wieder neu.

Ludwig Tieck

Bevor Fritz und Dorothea endgültig nach Paris aufbrechen, machen sie einen Zwischenstopp in Dresden. Hierhin ist auch Ludwig Tieck mit seiner Frau Amalie und dem Töchterchen Dorothea gezogen. Er und Fritz planen eine Ausgabe der gesammelten Schriften ihres Freundes Novalis, die möglichst bald erscheinen soll. Ansonsten zieht es ihn nirgendwo so wirklich hin. Er könnte sich vorstellen, in Dresden zu bleiben, eine Stelle als Dramaturg am Hoftheater anzunehmen, einen Kreis von Gleichgesinnten um sich zu scharen, die er mit seiner dramatischen Vorlesekunst beeindruckt, genau wie damals. Dass auch er einmal von Friedrich Wilhelm IV. an den preußischen Hof in Berlin berufen werden wird, wo er im Alter von 79 Jahren im Jahr 1853 stirbt, wer kann das schon ahnen. Wie hatte Tieck einmal Golo, den Hofmeister des Pfalzgrafen, in seiner

Genoveva sagen lassen? »So geht die Zeit kalt und gleichgültig an uns vorüber, sie weiß von unsern Schmerzen, sie weiß von unsern Freuden nichts, sie führt uns mit eiskalter Hand tiefer und tiefer in das Labyrinth hinein, endlich läßt sie uns stehn, und wir sehn uns um und können nicht erraten, wo wir sind.«

Zeittafel:
Chronik der Ereignisse

1775 Johann Wolfgang Goethe trifft in Weimar ein (7. November).
1781 Immanuel Kants *Kritik der reinen Vernunft* erscheint. Die *Kritik der praktischen Vernunft* und die *Kritik der Urteilskraft* folgen 1788 und 1790.
1785 Die *Allgemeine Literatur-Zeitung* wird in Jena gegründet.
1789 Friedrich Schiller hält in Jena seine Antrittsvorlesung (26. Mai). / In Paris läutet der »Sturm auf die Bastille« den Beginn der Französischen Revolution ein (14. Juli).
1790 Friedrich Wilhelm Joseph Schelling schreibt sich an der Universität Tübingen ein. Im Evangelischen Stift trifft er auf Georg Friedrich Wilhelm Hegel und Friedrich Hölderlin.
1792 Beginn des Ersten Koalitionskriegs einer von Preußen und Österreich geführten Allianz gegen Frankreich (20. April). / Ludwig XVI. wird vom Nationalkonvent für abgesetzt erklärt (21. September).
1793: Die Mainzer Republik wird ausgerufen (18. März). Zwei Wochen darauf wird Caroline Böhmer verhaftet (2. April) und kommt erst drei Monate später wieder frei (5. Juli).
1794 Johann Gottlieb Fichte wird an die Universität Jena berufen.
1796 August Wilhelm und Caroline Schlegel kommen auf Einladung Schillers nach Jena.

1797 Friedrich Wilhelm III. besteigt den preußischen Thron (16. November).

1798 **Februar:** Wilhelm Heinrich Wackenroder stirbt (13.). / Frankreich zerstört den Kirchenstaat und errichtet die Römische Republik (15.).

Mai: Das erste Heft des *Athenaeums* erscheint. / Über Pfingsten ist Schelling auf Besuch in Jena und trifft auf Goethe und Schiller.

Juni: Der Medizinstudent Clemens Brentano schreibt sich an der Universität Jena ein. / Schellings *Von der Weltseele* erscheint.

Juli: August Wilhelm Schlegel und Schelling werden an die Universität Jena berufen.

August: Friedrich, August Wilhelm und Caroline Schlegel, Schelling, Novalis, Fichte und Johann Diederich Gries besuchen gemeinsam die Dresdner Gemäldegalerie und die Antikensammlung.

Oktober: Schelling trifft in Jena ein (5.). / Mit der Uraufführung von Schillers *Wallensteins Lager* wird das umgebaute Weimarer Theater eröffnet (12.). / Schelling hält in Jena seine erste Vorlesung (18.). / Das von Fichte und Niethammer verlegte *Philosophische Journal* wird wegen Atheismus angezeigt.

1799 **Januar:** Die Ehe zwischen Dorothea Veit, geborene Mendelssohn, und Simon Veit wird geschieden (11.). / Schillers *Die Piccolomini* wird in Weimar uraufgeführt (30.).

März: Schellings *Erster Entwurf zu einem System der Naturphilosophie* erscheint. / Der Zweite Koalitionskrieg einer von Russland, Österreich und Großbritannien geführten Allianz gegen Frankreich beginnt (12.).

April: Fichte wird aus dem Universitätsdienst entlassen (1.). / Schillers *Wallensteins Tod* feiert am Weimarer Hoftheater Premiere (20.).

Mai: Der erste Teil von Friedrich Schlegels *Lucinde* erscheint.

Juli: Fichte verlässt Jena in Richtung Berlin (1.).

August: Papst Pius IV. stirbt in Valence (29.).

September: Friedrich Schlegel trifft in Jena ein (2.).

Oktober: Dorothea trifft mit ihrem Sohn Philipp in Jena ein (6.). / In dem von Schiller herausgegebenen *Musen-Almanach* erscheint das *Lied von der Glocke*. / Ludwig Tieck lässt sich mit seiner Familie in Jena nieder.

November: Napoleon wird Erster Konsul der Französischen Republik (10.). / In der Leutragasse versammelt sich der Schlegel-Kreis zu gemeinsamer Textdiskussion (11.–15.).

Dezember: Schiller zieht von Jena nach Weimar (3.). / Tieck trägt Goethe sein *Genoveva*-Drama vor (5./6.).

1800 April: Schellings *System des transzendentalen Idealismus* erscheint.

Mai: Schelling verlässt Jena, um in Bamberg Privatvorlesungen zu halten (3.).

Juni: Schillers *Maria Stuart* hat Premiere am Weimarer Hoftheater (14.). / Napoleon greift Österreich an und erringt in der Schlacht bei Marengo den entscheidenden Sieg (14.). / Die Tiecks reisen aus Jena ab.

Juli: Auguste Böhmer stirbt während eines Kuraufenthalts in Bad Bocklet an der Ruhr (12.).

August: Friedrich Schlegel wird promoviert (23.). / Das sechste und letzte Heft des *Athenaeums* erscheint. / Novalis' schwere Krankheit bricht aus. / Brentano verlässt Jena.

Oktober: Schelling kehrt von Bamberg nach Jena zurück (5.). / Friedrich Schlegel hält seine Probevorlesung (18.).
Dezember: Goethe, Schiller und Schelling feiern im Haus am Frauenplan den Beginn des neuen Jahrhunderts.

1801 **Januar:** Hegel trifft in Jena ein.
Februar: In Lunéville wird der Friedensschluss zwischen Frankreich und dem Heiligen Römischen Reich unterzeichnet (9.).
März: Friedrich Schlegels Habilitationsdisputation findet statt (14.). / Novalis stirbt im Beisein seines Bruders Karl und seiner Verlobten Julie Charpentier in Weißenfels (25.).
Oktober: August Wilhelm Schlegel beginnt Vorlesungen über schöne Literatur und Kunst in Berlin zu halten.
Dezember: Friedrich und Dorothea Schlegel verlassen Jena in Richtung Paris.

1802 Die erste Nummer des von Schelling und Hegel herausgegebenen *Kritischen Journals der Philosophie* erscheint.

1803 Die Ehe zwischen Wilhelm und Caroline Schlegel wird geschieden (17. Mai), Caroline und Schelling heiraten (26. Juni); Ende des Jahres wird Schelling an die Universität Würzburg berufen. / Germaine de Staël bricht mit Benjamin Constant zu einer Deutschlandreise auf (8. November).

1804 August Wilhelm Schlegel verlässt Berlin und geht mit de Staël in die Schweiz. / Napoleon krönt sich mit eigener Hand zum *Kaiser der Franzosen* (18. Mai).

1806 Französische Truppen marschieren in Jena ein (13. Oktober). Einen Tag später wird das preußisch-sächsische Heer vernichtend bei Jena und Auerstedt geschlagen.

1807 Hegels *Phänomenologie des Geistes* erscheint.

Anmerkungen:
Ausflüge in die Umgebung

S. 13 **Gedicht über die Natur**: Die spärlichen Früchte dieser dichterischen Arbeit veröffentlichte Schelling 1802 in dem von Wilhelm und Tieck herausgegebenen *Musen-Almanach* unter dem Pseudonym *Bonaventura*.

S. 14 **echter Granit**: So Caroline am 14. Okt. 1798 an Fritz. Der antwortet: »Aber wo wird Schelling, der Granit, eine Granitin finden? Wenigstens muß sie doch von Basalt seyn?«

S. 19 **Ende der Achtzigerjahre**: Vor allem Carl Leonhard Reinhold, ab 1787 Professor in Jena, bereitete mit seinen 1786 einsetzenden *Briefen über die Kantische Philosophie* der Kant-Rezeption den Weg.

S. 21 **Blauer Frack**: Schillers äußeres Erscheinungsbild wird von seinen Zeitgenossen als eigenwillig bis geschmacklos geschildert. So notierte der Jenaer Hofmeister Göritz, Schillers Kleidungsstil habe »seiner ganzen Figur, besonders durch die zusammenstoßenden Knie und auswärts gebogenen Füße etwas Bizarres« gegeben. / **Zusammenbruch**: Dieser ereignete sich während der Neujahrsfeierlichkeiten beim kurmainzischen Statthalter in Erfurt 1792. Auf einer Genesungsreise nach Rudolstadt arbeitete Schiller an seiner *Geschichte des Dreißigjährigen Krieges*, die den Grundstein für seine spätere Beschäftigung mit dem Wallenstein-Stoff legte.

S. 26 **Goethe**: In *Dichtung und Wahrheit* schreibt Goethe über seinen Studiumswunsch: »Auf Männer wie Heyne, Michaelis und so manchem anderen, ruhte mein ganzes Vertrauen; mein sehnlichster Wunsch war, zu ihren Füßen zu sitzen und auf ihre Lehren zu merken.«

S. 29 **Freiheitsinfluenza**: Georg Christoph Lichtenberg prägte den Begriff in einem Brief an Georg Forster vom 30. Sept. 1790. / **Campagne**: Goethe verarbeitete die Erlebnisse seines ersten Feldzugs mit dem Herzog in seiner *Kampagne in Frankreich* von 1822. Hier findet sich auch der berühmte Satz, den Goethe am Abend nach der Kanonade von Valmy geäußert haben will: »Von hier und heute geht eine neue Epoche der Weltgeschichte aus, und ihr könnt sagen, ihr seid dabei gewesen.« Einen Tag später, am 21. September 1792, wurde in Paris die Französische Republik ausgerufen.

S. 33 **Schmetterlinge über honigduftende Blumen**: Im Heer der preußischen Soldaten befand sich auch der damals fünfzehnjährige Gefreite-Korporal Heinrich von Kleist. In einem Brief an Adolphine von Werdeck vom 28. Juli 1801 verklärt er rückblickend seinen Militäreinsatz: »Mein Herz schmolz unter so vielen begeisternden Eindrücken, mein Geist flatterte wollüstig, wie ein Schmetterling über honigduftende Blumen (...).« / **Forsters Befürchtung**: Forster äußerte diesen Verdacht in einem Brief an Christian Friedrich Voß vom 21. Dez. 1792.

S. 34 **Lucka**: Dort verschaffte Wilhelm ihr über den Leipziger Verleger Georg Joachim Göschen Unterschlupf. Da Wilhelm bald zurück nach Amsterdam musste, erhielt Caroline während der Zeit der Schwangerschaft immer wieder Besuch von Fritz.

S. 35 **Döderlein'schen Haus**: Lange Zeit wurde Fichtes Haus – das heutige Romantikermuseum – für das der Schlegels gehalten. Zur Verwirrung um den tatsächlichen Standort des Hauses vgl. Peer Kösling: *Die Familie der herrlich Verbannten. Die Frühromantiker in Jena. Anstöße – Wohnungen – Geselligkeit*, Jena 2010.

S. 39 **Ordensstammtisch**: Studentenorden hatten sich im 18. Jhd. nach dem Vorbild der Freimaurerlogen gegründet und wurden von der Obrigkeit kritisch beäugt. Die vier wichtigsten – die Amicisten, die Constantisten, die Unitisten und die Harmonisten – waren alle in Jena präsent. Selbst Fichte, der sich später vehement von den Ordensverbindungen distanzierte, gehörte als Student in Leipzig zu den *Harmonisten*. / **akademische Freiheit**: Wegen des Verrats verbotener Duelle durch »Schokoladisten« waren 1792 fünf Studenten der *Constantisten* von der Universität geflogen. Nachdem daraufhin Unruhen ausbrachen, marschierten am 14. Juli 1792 herzogliche Truppen in Jena ein. Am 19. Juli 1792 verließen die Studenten aus Protest die Stadt. Die Universität gab nach, und die Truppen zogen wieder ab.

S. 40 **Roten Turm**: Buchstäblich rot ist der Rote Turm erst seit 1870, als das Natursteinensemble mit rotem Sichtmauerwerk verblendet wurde. / **Ball**: Schiller schrieb am 28. Okt. 1794 an Goethe: »Nach den mündlichen Äußerungen Fichtes (…) ist das *Ich* auch durch seine Vorstellungen erschaffend, und alle Realität ist nur in dem Ich. Die Welt ist ihm nur ein Ball, den das Ich geworfen hat und den es bei der Reflexion wieder fängt!! Sonach hätte er seine Gottheit wirklich deklariert, wie wir neulich erwarteten«.

S. 42 **Farbenlehre**: Am 19. Feb. 1829 notierte Johann Peter Eckermann Goethes Bemerkung: »Dass ich (…) in meinem Jahrhundert in der schwierigen Wissenschaft der Farbenlehre der einzige bin, der das Rechte weiß, darauf tue ich mir etwas zugute, und ich habe daher ein Bewusstsein der Superiorität über viele.« / **Entdeckung des Zwischenkieferknochens**: Diese will Goethe am 27. März 1784 gemeinsam mit Johann Christian Loder im Anatomieturm in Jena gemacht haben. Noch am selben Tag schrieb er an Herder: »Ich habe gefunden – weder Gold noch Silber, aber was mir eine unsägliche Freude macht – das os intermaxillare beim Menschen! (…) es ist wie ein Schlussstein zum Menschen (…).«

S. 45 **Denken Sie die Wand**: Diese Episode ist von Henrik Steffens überliefert, der neben Schellings Veranstaltungen im Wintersemester 1798 auch Fichtes Vorlesungen besuchte. (*Was ich erlebte. Aus der Erinnerung niedergeschrieben*, 4 Bd., Breslau 1840, S. 80)

S. 47 **Stadtschlosses**: Der verheerende Schlossbrand vom 6. Mai 1774 hatte weite Teile des Schlosses zerstört, weswegen Carl August zwischenzeitlich schon einen Neubau in Betracht zog, sich am Ende aber doch dagegen entschied. Thouret übernahm den Innenausbau.

S. 49 **Magister Ubique**: So heißt auch eine komische Person in Ludwig Tiecks Märchennovelle »Die Vogelscheuche« (1835). Sie tritt zum ersten Mal in einer Passage auf, die man als unverhohlene Anspielung auf die Jenaer und Weimarer Zustände um 1800 lesen kann: »Alles treibt und wirbelt mehr durch einander (...), der Magister Ubique trägt die Nase gewaltig hoch, der kleine Auskultator Ulf ziert sich mit seinen Gedichten mehr als sonst, der junge Advokat Alexander zieht sich seitdem von unserer Gesellschaft ganz zurück, und mein Vater interessirt sich für Poesie und Literatur (...). Da ist jetzt in unsern Zirkeln von Sympathie und Antipathie die Rede, Worte, die vorher kein menschliches Ohr gehört hatte, da reden sie von Fortschritten, Galvanismus und Synchronismus, so daß einem der Kopf schwindelt.«

S. 52 **Prolog**: Vgl. hierzu Norbert Oellers: »Goethes Anteil an Schillers *Wallenstein*«, in: *Goethe-Jahrbuch* 2005, Göttingen 2006, S. 107–116.

S. 56 **Athen für Künstler**: Mit Winckelmanns Lobpreisung Dresdens als Kunststätte ersten Ranges ist zugleich seine Auffassung von der »Nachahmung der Alten« als Maßstab der Kunst verbunden. Von dieser sagt sich eine Genieästhetik im Zeichen Kants radikal los.

S. 60 **Erbsen zählen**: Am 21. Sept. 1796 schrieb Friedrich Schlegel an Christian Gottfried Körner: »Es ist merkwürdig, wie er (Fichte) von allem, was er nicht ist, so ganz und gar keine Ahnung hat. – Das erste Mal, da ich ein Gespräch mit ihm hatte, sagte er mir: er wolle lieber Erbsen zählen, als Geschichte studieren. Überhaupt ist er wohl in jeder Wissenschaft fremd, die ein Objekt hat.«

S. 67 **Heinrich IV.**: Die Übersetzung erschien 1800 im sechsten Teil der neunbändigen, von Schlegel verantworteten Shakespeare-Ausgabe. Da zur selben Zeit gerade *Hamlet* als erste seiner Übersetzungen auf die Bühne kam, wünschte sich

Wilhelm, auch das *Heinrich*-Drama einmal auf dem Theater zu sehen, mit August Wilhelm Iffland als Falstaff.

S. 69 **Wespe**: Fritz hatte diese Redensart in einem Brief vom 26. Aug. 1797 an Auguste in Bezug auf Caroline verwendet. Nun ereilt sie ihn rücklings selbst. Wer von platonischen Bienen redet, muss damit rechnen, von gemeinen Wespen gestochen zu werden.

S. 72 **schmutziger Unsinn**: So verunglimpfte Karl August Böttiger den Roman. Insbesondere die »verschämte Weibsperson Lucinde« und die explizite öffentliche Darstellung von Erotik erregten ihn.

S. 75 **revolutionären Zustand**: Eines der erstaunlichsten Zeugnisse für dieses Selbstverständnis bietet August Wilhelm Schlegel, der am 13. Sept. 1799 an Elisabeth von Nyus schrieb: »Stellen sie sich vor, dass die ganze deutsche Literatur in einem revolutionären Zustand ist, und dass *wir*, mein Bruder, Tieck, Schelling und einige andere zusammen die Bergpartei ausmachen. Wir brauchen uns dabei nicht schämen, denn die Häupter sind (…) Goethe und Fichte.«

S. 79 **Dicken Lüderjahn**: Diese volkstümliche Bezeichnung zog sich Friedrich Wilhelm II. bei seinen Untertanen zu, denen er als Taugenichts galt, der den Herausforderungen seiner Zeit in keiner Weise gewachsen war.

S. 80 **Sache des Zeitalters**: Fritz plante sogar, ein Pamphlet mit dem Titel »Für Fichte. An die Deutschen« zu schreiben. Die Streitschrift blieb allerdings Fragment und ungedruckt.

S. 86 **Potenzial für Unruhen**: Schon im Wintersemester 1794/95 brachte Fichtes Entscheidung, seine öffentliche Vorlesung über die Bestimmung des Gelehrten am Sonntag zur besten

Gottesdienstzeit zu halten, ihm eine Anzeige beim Herzog ein. / **Fensterscheiben**: Goethe berichtete Christian Gottlob Voigt am 10. April 1795 von der Aktion. Von Böttiger ist überliefert, dass sich Fichte nach den immer heftigeren Attacken gegen ihn abends nicht mehr ohne Pistole auf die Straße traute.

S. 87 **Anzeige**: Am 24. Oktober 1798 hatte der Verleger des *Philosophischen Journals* die Auslieferung des Heftes bekanntgegeben. Am 29. Okt. wandte sich das Dresdner Oberkonsistorium mit einer Anzeige an den Kurfürsten von Sachsen und bat um sofortige Konfiskation des Heftes. Am 18. Dez. erhielt der Weimarer Hof ein kursächsisches Requisitionsschreiben. Fichte hatte sich vor seinem Landesherren zu verantworten. / **notorischer Jakobiner**: In seiner *Verantwortungsschrift* vom 18. März 1799 schrieb Fichte: »Ich bin überhaupt nicht gemacht, um hinter dem Berge zu halten (...). Ich also will es sein, der den Namen dieses Dinges ausspricht. Ich bin ihnen ein Demokrat, ein Jakobiner; dies ist's. Von einem solchen glaubt man jeden Greuel ohne weitere Prüfung. Gegen einen solchen kann man gar keine Ungerechtigkeit begehen.«

S. 90 **Luise (...) von Hessen-Darmstadt**: Luise war seit dem 3. Oktober 1775 die Gemahlin des Herzogs Carl August von Sachsen-Weimar. / **Dem Glücklichen schlägt keine Stunde**: Wie schnell sich die Verse Schillers verbreiteten, ist auch daran ersichtlich, dass die noch heute geläufige Redewendung in dieser Form gar nicht bei Schiller auftaucht. Dieser lässt den in seine Cousine Thekla verschossene Max Piccolomini sagen: »O, der ist aus dem Himmel schon gefallen, / Der an der Stunden Wechsel denken muss! / Die Uhr schlägt keinem Glücklichen.«

S. 91 **neumodische Luftkugeln**: Dieser von Christoph Martin Wieland geprägte Begriff zeugt von der Popularität dieser technischen Innovation. 1786 sah sich sogar Friedrich Nicolai, Herausgeber der *Allgemeinen Deutschen Bibliothek*, gezwungen, seine Zeitschrift um die Rubrik »Luftkugeln« zu erweitern. Materialreich und umfassend dazu Rolf Denker: »Luftfahrt auf montgolfiersche Art in Goethes Dichten und Denken«, in: *Goethe. Viermonatsschrift der Goethe-Gesellschaft*, Bd. 26 (1964), S. 181 – 198.

S. 95 **finanzielle Lage**: Die sorgfältige Führung des Haushaltsbuch war umso wichtiger, als Goethe auf großem Fuß zu leben pflegte. In seinen ersten Weimarer Jahren gab er zeitweise mehr als das Doppelte seines Gehaltes aus.

S. 96 **treuen Stallmeister**: Goethe verschaffte Johann Jacob Ludwig Geist tatsächlich eine Beamtenstelle. Geist schied 1804 aus dem Dienst und brachte es 1814 zum *Hofmarschallamts-Rechnungsrevisor*.

S. 99 **Wilhelm von Humboldt**: Humboldt lebte von 1794 bis 1797 in Jena. Die Gegend um das Saaletal war ihm vertraut, seit er 1791 Caroline von Dacheröden in Erfurt geheiratet und mit ihr die beiden folgenden Jahre auf den Gütern ihrer Familie in Thüringen verbracht hatte.

S. 101 **Metamorphose der Pflanzen**: Goethe hat die Szene in dem Aufsatz »Glückliches Ereignis« lebhaft geschildert, der dreiundzwanzig Jahre nach dem Treffen (1817) erschien.

S. 104 f. **Schlegeln oder geschlegelt werden**: Das Zitat stammt aus »Schlegels Monolog nach Erscheinung des Hyperboreischen

Esels«, in dem der anonyme Verfasser sich über Fritz' Originalitätssucht lustig zu machen versucht.

S. 106 **Willem Ferdinand Mogge Muilman**: Philosophenerziehung trägt Früchte – der dreizehnjährige Sprössling wird später Präsident der Niederländischen Zentralbank. Kein zweiter Alexander der Große, aber immerhin.

S. 107 **Rembrandt**: Das Porträt wird seit 1911 Ferdinand Bol zugeschrieben.

S. 110 **Sophie Mereau**: Verheiratet war sie mit dem Jenaer Juraprofessor Friedrich Ernst Carl Mereau. Schiller, der ihr Talent früh erkannte, druckte ihre Gedichte in den *Horen*. / **Wespennest**: Wilhelm hatte im Sommer 1798 die beiden ersten Hefte des *Athenaeum* Goethe übersandt und mit Spannung die Reaktion aus Weimar erwartet. Während Schiller sich brieflich darüber beklagte, die Lektüre habe ihm »physisch wehe« getan, war Goethe voll des Lobes für die Brüder Schlegel und nannte die Hefte in einem Antwortbrief vom 25. Juli 1798 ein »Wespennest«, an dem die Mittelmäßigkeit, die »Leerheit und Lahmheit« der übrigen Zeitschriften einen »fürchterlichen Gegner« fänden.

S. 114 **Kontakt nach Weimar**: Tieck wurde am 24. Juli gemeinsam mit Wilhelm und Novalis von Goethe in Weimar empfangen; Goethe schrieb noch am selben Tag an Schiller, Tieck sei »für den ersten Anblick eine recht leidliche Natur«. Das Mittagsmahl ist Goethe offenbar bekommen: »Er sprach wenig aber gut und hat überhaupt hier ganz wohl gefallen.«

S. 114 f. **den Götz, den Faust, den Tasso**: Diese Figurenmetamorphose hat Rudolf Köpke, Tiecks Eckermann, zu verantworten, der die erste Begegnung mit Goethe im Haus am Frauenplan wie folgt beschrieb: »Goethe stand wirklich vor ihm. Das war er selbst: Götz, Faust, Tasso! Aber auch der Herrscher im Reiche der Poesie, in abgeschlossener Hoheit, stand vor ihm. Ein gewaltiges, erschütterndes Gefühl erfüllte ihn beim ersten Anblick.«

S. 115 **Lesemaschine**: So bezeichnet Caroline ihren Tieck in einem Brief an Auguste vom 4. Nov. 1799. In seinen Dresdner Jahren (1819 – 1841) machte Tieck aus seiner virtuosen Vortragskunst ein Ereignis und versammelte regelmäßig einen geselligen Kreis um sich.

S. 122 **Auftakt desjenigen Jahrhunderts**: In bemerkenswerter Weitsicht hat Lichtenberg hier der Zukunft vorweggegriffen: Die Anzahl der Planeten verdoppelte sich zwar nicht ganz, aber immerhin stieg die Zahl der bekannten größeren Himmelskörper im 19. Jahrhundert von 22 auf 31, und auch wenn die Luftschlachten der Völker noch einige Jahrzehnte länger auf sich warten ließen, hat sich in der Tendenz alles, was um 1800 noch als verstiegen galt, bewahrheitet.

S. 133 **Aufführung**: Sie fand am 15. Okt. 1799 am Königlichen Nationaltheater Berlin statt, mit August Wilhelm Iffland in der Hauptrolle. / **Arbeit bis zum Umfallen**: Das Großreinemachen war tatsächlich schon Ende September erledigt, also noch bevor Dorothea in Jena eintraf. Dass es hier in den Oktober verlegt wurde, hat damit zu tun, dass man solche Vorhaben nie lange genug herauszögern kann, zumal wenn der Frühjahrsputz in den Herbst fällt.

S. 143 **das Kritische Institut**: Dabei waren gerade Fritz und Wilhelm mit dem Vorschlag, eine neue Zeitschrift zu gründen, an Fichte herangetreten. Einen Tag vor Heiligabend setzte Fichte schließlich einen Brief auf und präsentierte einen Schlachtplan. / **Herrscher ohne Reich**: Bereits am 16. Januar, gut drei Monate nach ihrer Ankunft in Jena, bezeichnete Dorothea die Wohngemeinschaft in einem Brief an Schleiermacher als eine »Republik von lauter Despoten«. / **Shakespeare**: Die zitierte Übersetzung stammt von Dorothea Tieck, der Tochter von Ludwig Tieck, die zum fraglichen Zeitpunkt gerade einmal ein halbes Jahr alt war und vermutlich weichgebettet in einem Körbchen neben dem Ofen lag.

S. 148 f. **Über die Bestimmung des Gelehrten**: Dass Schlegels Vorlesung denselben Titel trug, den auch Fichte seiner ersten Vorlesung gegeben hatte, ist natürlich kein Zufall – er will schließlich auf den transzendentalphilosophischen Olymp. Der Text der Vorlesung ist leider nicht überliefert.

S. 154 **Organon und Dokument der Philosophie**: Im entscheidenden 6. Hauptabschnitt von Schellings *Systems des transzendentalen Idealismus* heißt es: »Wenn die ästhetische Anschauung nur die objektiv gewordene transzendentale ist, so versteht sich von selbst, daß die Kunst das einzige wahre und ewige Organon zugleich und Dokument der Philosophie sei, welches immer und fortwährend aufs neue beurkundet, was die Philosophie äußerlich nicht darstellen kann, nämlich das Bewußtlose im Handeln und Produzieren, und seine ursprüngliche Identität mit dem Bewußten.«

S. 157 **Grabmal**: Aus dem Wunsch, ein würdevolles Andenken für Auguste zu entwerfen, entwickelte sich ein langwieriges Unterfangen. Johann Gottfried Schadow, Johann Dominicus Fiorillo, Heinrich Meyer, Goethe, Christian Friedrich

Tieck und Bertel Thorvaldsen – sie alle waren involviert, doch bis heute ziert Augustes Grab ein schlichter Stein.

S. 160 **göttlicher Traurigkeit**: Schelling wird diesen besonderen Geisteszustand als ein Prinzip der Philosophie herausarbeiten. In den *Stuttgarter Privatvorlesungen* (1810) heißt es, dass allem Leben eine »unzerstörbare Melancholie« anhänge, weil es etwas von sich Unabhängiges »unter sich« habe, mit dem es unauflösbar in Widerspruch stehe.

S. 162 **Betonköpfen**: Steffens Rezension wurde abgelehnt mit Hinweis, er sei noch Student, und Beiträge von Studenten veröffentliche man grundsätzlich nicht. Dabei war Steffens an der Universität Kiel längst als Privatdozent tätig.

S. 163 **eigene Wohnung**: Nachdem die genaue Lage der Wohnung lange unbekannt war, konnte Johannes Korngiebel sie jüngst bestimmen: Sie befand sich im Anwesen der Witwe des Jenaer Fechtmeisters Johann Wolfgang Bieglein – in eben dem Haus, in das Hegel zwischen Juli und Oktober 1801 einzog. Schlegel und er lebten also, wenn auch nur für wenige Monate, Tür an Tür! Vgl. Johannes Korngiebel: »Hegel und Schlegel in Jena. Zur philosophischen Konstellation zwischen Januar und November 1801«, in: Michael Forster, Johannes Korngiebel, Klaus Vieweg (Hg.): *Idealismus und Romantik in Jena. Figuren und Konzepte zwischen 1794 und 1807*, Paderborn 2018 (im Erscheinen).

S. 165 **Duellant**: Es handelt sich um Leo von Seckendorff, der bei einem Hofball am 18. Dezember mit dem jungen französischen Adligen Félix Du Manoir aus offenbar geringfügigem Anlass aneinandergeraten war und beim Duell am nächsten Morgen schwer verwundet wurde. / **Maskenball**: Zur genauen Datierung, wann welche Festivität in Weimar stattgefunden hat, gibt es widerstreitende Aussagen. Vgl. Steffens: *Was ich erlebte*, Bd. 4, S. 408; Norbert Oellers: »Allerlei Curiosa. Die Jahrhundertwende in Weimar vor 199 Jahren«, in: Marijan Bobinac (Hg.): *Literatur im Wandel. Festschrift für Viktor Žmegač zum 70. Geburtstag*, Zagreb 1999, S. 5 – 24, hier S. 21; Jürgen Beyer: *Die Veranstaltungsorte der Redouten in Weimar von 1770 bis 1835*, in: *Weimar-Jena. Die große Stadt* 8 (2015), S. 352 – 390, hier S. 370 f.

S. 171 **Predigten**: Meist waren die Predigten nicht mehr als lästige Pflichtübungen, doch zumindest für Hegels letzte Predigt lässt sich zeigen, dass sich in ihr schon zentrale Motive seiner späteren Philosophie ankündigen, Probleme wie das der menschlichen Freiheit. Vgl. dazu Friedhelm Nicolin: »Verschlüsselte Losung. Hegels letzte Tübinger Predigt«, in: Annemarie Gethmann-Siefert (Hg.): *Philosophie und Poesie. Otto Pöggeler zum 60. Geburtstag*, Bd. 1, Stuttgart-Bad Cannstatt 1988, S. 367 – 399.

S. 172 **Seite für Seite**: Es ist nicht sicher, ob dem Kant-Lesekreis, der sich 1790 in Tübingen bildete, auch Hölderlin, Hegel oder Schelling angehörten. Sicher ist aber, dass er sich bald wieder zerschlug. Vgl. dazu Dieter Henrich: *Grundlegung aus dem Ich. Untersuchungen zur Vorgeschichte des Idealismus. Tübingen – Jena (1790 – 1794)*, 2 Bde., Frankfurt am Main 2004, S. 716 ff.

S. 174 **Bern**: Vgl. hierzu Martin Bondeli: *Hegel in Bern*, in: *Hegel-Studien*, Beiheft 33, 1990.

S. 175 **Scham**: Die wahren Gründe sind bis heute nicht geklärt. Hölderlin hatte sich noch am 15. Mai 1795 an der Universität eingeschrieben, bevor er Ende des Monats auf einmal das Weite suchte. In einem Brief an Schiller vom 23. Juli 1795 gesteht Hölderlin, dass die Nähe, die er auf der einen Seite gesucht und gebraucht hätte, ihn auf der anderen Seite zutiefst »beunruhigt« habe.

S. 187 **literarisches Denkmal**: Die Textsammlung *Literarische Zustände und Zeitgenossen* erschien erst drei Jahre nach Böttigers Tod, 1838, in einer aus dem handschriftlichen Nachlass herausgegebenen Ausgabe seines Sohnes.

S. 189 **Sophie Bernhardi**: Als Wilhelm nach Berlin kam, fand er zeitweilig Unterkunft bei August Ferdinand Bernhardi, einem alten Weggefährten des *Athenaeum*. Dessen Ehe mit Sophie war alles andere als glücklich. Wilhelm nutzte diese Chance. Als Sophie schwanger wurde, ließ sie Wilhelm an seine Vaterschaft glauben, um von ihm Unterstützung zu bekommen. Der echte Vater war allerdings Karl Gregor Knorring, mit dem sie wenig später nach Dresden ging.

S. 193 **Der schöne Turm**: In einem Brief vom 11. Sept. 1814 schreibt Henrik Steffens an Ludwig Tieck: »So gewiß, wie es ist, daß die Zeit, in welcher Goethe und Fichte und Schelling und Schlegel, Du, Novalis, Ritter und ich uns alle vereinigt träumten, reich an Keimen mancherlei Art war, so lag doch etwas Ruchloses im Ganzen. Ein geistiger Babelturm sollte errichtet werden, den alle Geister aus der Ferne erkennen sollten.«

S. 196 **spekulativen Karfreitag**: Diese Formulierung verwendet Hegel in seinem ebenfalls im *Kritischen Journal* veröffentlichten Aufsatz »Glauben und Wissen«, der in ersten Heft des zweiten Bandes im Juli 1802 erschien.

S. 201 **tonangebende Rolle**: Caroline war gar nicht begeistert, als sie erfuhr, dass in ihrem alten Domizil Partys gefeiert werden. An Wilhelm schrieb sie am 26./27. März 1801: »Ich hoffe zwar, daß sie Dir es vorher gesagt haben – allein ich finde es denn doch nicht delikat von Mad. Veit, da gar keine Nothwendigkeit sie dazu drängte, sie haben in ihrer Wohnung ein Zimmer, das eben so groß ist, und was die Sachen betrifft, die sie gebraucht haben, so ist denn doch das ganze Tischzeug und Porzelan, das so schon genug durch den Gebrauch zusammengeschmolzen ist, mein kleines absonderliches Eigenthum, und kurzum beym nächsten Doktorschmause will ich es nicht hergeben (...).«

S. 208 **Brotgelehrten (...) Universalgelehrten**: Schiller führt diese Unterscheidung in seiner Jenaer Antrittsvorlesung von 1789 ein.

S. 214 **Verleger gefunden**: Nachdem es mit Johann Friedrich Unger zum Streit gekommen war, wodurch auch das Shakespeare-Projekt ins Stocken geriet – der letzte Band erschien erst 1810, nach neunjähriger Pause –, fand Wilhelm in Berlin mit Georg Andreas Reimer endlich einen Verleger für die Calderón-Übersetzungen, von denen die ersten 1803 erschienen. / **zum Verleger Frommann**: Wie Hegels Postscriptum zum Brief vom 13. Oktober 1806 an Niethammer verrät, hat er die erste Nacht nach dem Einfall der Franzosen offenbar im Haus des Amtskomissars Hellfeld logiert. Von Johann Philipp Gabler ist überliefert, dass Hegel am nächsten Tag kurzzeitig bei ihm erschienen sein soll, bevor er sich dann auf den Weg zu Frommann machte.

Literatur:
Grundlegendes, Abseitiges, Weiterführendes

Anonymus: »Schlegels Monolog nach Erscheinung des Hyperboreischen Esels«, in: *Goldener Spiegel für Regenten und Schriftsteller*, Mainz 1801, S. 103 – 104.

Anonymus: »Wann beginnt das neue Jahrhundert?«, in: *Der Bote aus Thüringen*, Schnepfenthal 1800, S. 2 – 8.

Abeken, Rudolf: *Goethe in meinem Leben. Erinnerungen und Betrachtungen von Bernhard Rudolf Abeken*, hg. v. Adolf Heuermann, Weimar 1904.

Bamberg, Claudia, und Cornelia Ilbrig: *Aufbruch ins romantische Universum. August Wilhelm Schlegel*, Frankfurt am Main 2017.

Böttiger, Karl August: »Ueber die erste Aufführung der Piccolomini auf dem Weimarischen Hof-Theater«, in: *Journal des Luxus und der Moden*, Februar 1799, wieder abgedruckt in: *Schiller und sein Kreis in der Kritik ihrer Zeit*, hg. v. Oscar Fambach, Berlin 1957, S. 434 – 440.

Campe, Elisabeth: *Aus dem Leben von Johann Diederich Gries. Nach seinen eigenen und den Briefen seiner Zeitgenossen*, Leipzig 1855.

Caroline: *Briefe aus der Frühromantik*, 2 Bde., hg. v. Georg Waitz, Leipzig 1913.

Doebber, Adolf: *Lauchstädt und Weimar. Eine theatergeschichtliche Studie. Mit 20 Tafeln und Abbildungen im Text*, Berlin 1908.

Fichte, Johann Gottlieb: *Gesamtausgabe der Bayerischen Akademie der Wissenschaften,* I. Werke; II. Nachgelassene Schriften; III. Briefe; IV. Kollegnachschriften, hg. v. der Fichte-Kommission der Bayerischen Akademie der Wissenschaften, Stuttgart-Bad Cannstatt 1962 ff.

Frank, Manfred: *Einführung in die frühromantische Ästhetik*, Frankfurt am Main 1989.

–: ›*Unendliche Annäherung*‹. *Die Anfänge der philosophischen Frühromantik*, Frankfurt am Main 1997.

Frommann, Friedrich Johannes: *Das Frommansche Haus und seine Freunde. Dritte durch einen Lebensabriß F. J. Frommanns aus der Feder Dr. Hermann Frommanns vermehrte Ausgabe*, Stuttgart 1889.

Förster, Eckart: *Die 25 Jahre der Philosophie. Eine systematische Rekonstruktion*, Frankfurt am Main 2011.

Gamper, Michael, und Helmut Hühn: *Was sind Ästhetische Eigenzeiten?*, Hannover 2014.

Goethe, Johann Wolfgang: *Goethes Werke*, hg. im Auftrag der Großherzogin Sophie von Sachsen, 143 Bde., Weimar 1887 – 1919, Nachdruck 1987, nebst Bd. 144 – 146, Nachtrage und Register zur IV. Abt.: Briefe, hg. v. Paul Raabe, Bde. 1 – 3, München 1990.

Hartmann, Reinhold Julius: *Das Tübinger Stift. Ein Beitrag zur Geschichte des deutschen Geistesleben*, Stuttgart 1918.

Hegel, Georg Wilhelm Friedrich: *Gesammelte Werke*, in Verbindung mit der Deutschen Forschungsgemeinschaft hg. v. der Nordrhein-Westfälischen Akademie der Wissenschaften und der Künste, Hamburg 1968 ff.

–: *Werke in zwanzig Bänden. Theorie-Werkausgabe*, hg. v. Eva Moldenhauer / Karl-Markus Michel, Frankfurt am Main 1969 ff.

Henrich, Dieter: *Grundlegung aus dem Ich. Untersuchungen zur Vorgeschichte des Idealismus. Tübingen – Jena (1790 – 1794)*, Frankfurt am Main 2004.

Hufeland, Christoph Wilhelm: *Leibarzt und Volkserzieher. Selbstbiographie von Christoph Wilhelm Hufeland*, hg. u. eingel. v. Walter von Brunn, Stuttgart 1937.

Hühn, Helmut, und Joachim Schiedermair (Hg.): *Europäische Romantik. Interdisziplinäre Perspektiven der Forschung*, Berlin / Boston 2015.

Jaeschke, Walter (Hg.): *Transzendentalphilosophie und Spekulation. Der Streit um die Gestalt einer Ersten Philosophie (1799 – 1807)*, Hamburg 1993.

Kant, Immanuel: *Gesammelte Schriften*, I. Abteilung: Werke (Bd. 1 – 9); II. Abteilung: Briefwechsel (Bd.10 – 13); III. Abteilung: Nachlaß (Bd. 14 – 23); IV. Abteilung: Vorlesungen (Bd. 24 – 29), hg. v. der Berlin-Brandenburgischen Akademie der Wissenschaften, Berlin 1900 ff.

Koselleck, Reinhart: *Vergangene Zukunft. Zur Semantik geschichtlicher Zeiten*, Frankfurt am Main 1989.

Körner, Josef: *Romantiker und Klassiker. Die Brüder Schlegel in ihren Beziehungen zu Schiller und Goethe*, Berlin 1924.

Kösling, Peer: *Die Familie der herrlich Verbannten. Die Frühromantiker in Jena. Anstöße – Wohnungen – Geselligkeit*, Jena 2010.

Krippendorf, Johann Adam: *Schilderungen der merkwürdigsten Kriegsbegebenheiten bei Auerstädt. Von einem Augenzeugen und Führer des Herzogs von Braunschweig*, Apolda und Stadtsulza 1808.

Lyncker, Carl Wilhelm Heinrich Freiherr von: *Ich diente am Weima-*

rer Hof. Aufzeichnungen aus der Goethezeit, hg. v. Jürgen Lauchner, Köln / Weimar / Wien 1997.

Müller, Gerhard, Klaus Ries und Paul Ziche (Hg.): *Die Universität Jena. Tradition und Innovation um 1800*, Stuttgart 2001.

Nicolai, Friedrich: *Beschreibung einer Reise durch Deutschland und die Schweiz, im Jahre 1781. Nebst Bemerkungen über Gelehrsamkeit, Industrie, Religion und Sitten*, Bd. 11, Berlin 1796.

Petersdorff, Dirk von, und Ulrich Breuer (Hg.): *Das Jenaer Romantikertreffen im November 1799. Ein Streitfall*, Paderborn 2015.

Paul, Gertrud: *Die Schicksale der Stadt Jena und ihrer Umgebung in den Oktobertagen 1806. Nach den Quellen dargestellt*, Jena 1920.

Paulus, Heinrich Eberhard Gottlob: *Entdeckungen über die Entdeckungen unserer neuesten Philosophen. Ein Panorama in fünfhalb Acten und einem Nachspiel*, Bremen 1835.

Ratjen, Henning: *Johann Erich von Berger's Leben. Mit Andeutungen und Erinnerungen zu J. E. v. Berger's Leben*, Hamburg 1835.

Rosa, Hartmut: *Beschleunigung. Die Veränderung der Zeitstruktur in der Moderne*, Frankfurt am Main 2005.

Sandkaulen, Birgit: *Grund und Ursache. Die Vernunftkritik Jacobis*, München 2000.

Schelling, Friedrich Wilhelm Joseph: *Sämmtliche Werke* [SW], I. Abteilung: 10 Bde. (= I-X); II. Abteilung: 4 Bde. (= XI-XIV), hg. v. Karl Friedrich August Schelling, Stuttgart / Augsburg 1856 ff.

–: *Historisch-kritische Ausgabe,* I. Werke; II. Nachlaß; III. Briefe, hg. v. der Schelling-Kommission der Bayerischen Akademie der Wissenschaften, Stuttgart-Bad Cannstatt 1976 ff.

Schief, Walter: *Goethes Diener*, Berlin / Weimar 1965.

Schierenberg, Karl-August: *»In Goethes Haus – in Goethes Hand«. Goethe und seine Diener und Helfer*, Wetzlar 1994.

Schiller, Friedrich: *Schillers Werke*, begr. v. Julius Petersen, hg. v. Lieselotte Blumenthal und Benno von Wiese, Weimar 1943 ff.

Schlegel, Friedrich: *Kritische Friedrich-Schlegel-Ausgabe*, hg. v. Ernst Behler unter Mitwirkung v. Jean-Jacques Anstett / Hans Eichner, Paderborn u. a. 1958 ff.

See, Klaus von, und Helena Lissa Wiessner (Hg.): *Die Schlacht von Jena und die Plünderung Weimars im Oktober 1806*, Heidelberg 2006.

Segebrecht, Wulf (Hg.): Romantische Liebe und *romantischer Tod. Über den Bamberger Aufenthalt von Caroline Schlegel, Auguste Böhmer, August Wilhelm Schlege, und Friedrich Wilhelm Joseph Schelling im Jahre 1800*, Bamberg 2000.

Segebrecht, Wulf (Hg.): *Romantische Liebe und romantischer Tod. Über den Bamberger Aufenthalt von Caroline Schlegel, Auguste Böhmer, August Wilhelm Schlegel, und Friedrich Wilhelm Joseph Schelling im Jahre 1800*, Bamberg 2000.

Speyer, Karl Friedrich: *Dr. A. F. Marcus nach seinem Leben und Wirken geschildert von seinem Neffen Dr. Speyer und Dr. Marc. Nebst Krankheits-Geschichte, Leichenöffnung, neun Beilagen und dem vollkommen ähnlichen Bildnisse des Verstorbenen*, Bamberg / Leipzig 1817.

Steffens, Henrik: *Was ich erlebte. Aus der Erinnerung niedergeschrieben*, 4 Bd., Breslau 1840.

Stoll, Adolf: *Der Maler Johann Friedrich August Tischbein und seine Familie. Ein Lebensbild nach den Aufzeichnungen seiner Tochter Caroline*, Stuttgart 1923.

Tilliette, Xavier (Hg.): *Schelling im Spiegel seiner Zeitgenossen*, 2 Bd., Turin 1974 / 1981.

Waltershausen, H. G.: *Der Diener seiner Exzellenz*, Stuttgart 1949.

Wolzogen, Caroline von: *Schillers Leben. Verfaßt aus Erinnerungen der Familie, seinen eigenen Briefen und den Nachrichten seines Freundes Körner*, Stuttgart / Tübingen 1830.

Zollinger, Max: »Das Schweizer Tagebuch von Goethes Famulus«, in: *Neue Zürcher Zeitung*, 18. Oktober 1931.

Bildnachweis

akg-images: 53 (De Agostini Picture Lib./A. Dagli Orti), 92 (Science Photo Library), 117 (Erich Lessing)

bpk: 222 o. (Lutz Braun), 224 (Nationalgalerie, SMB)

Deutsche Fotothek: Vor- und Nachsatz (Klaus-Dieter Schumacher)

Klassik Stiftung Weimar: 139

mauritius images: 173 (Alamy Stock Foto/LOC), 222 u. (Alamy Stock Foto/Art Collection 2)

picture alliance: 30 (United Archives/WHA), 59 (dpa), 128, 186, 207, 221, 223, 225 (akg-images)

Olivier, Guillaume Antoine: Entomologie, ou, Histoire naturelle des insectes: avec leurs caractères génériques et spécifiques, leur description, leur synonymie, et leur enluminée/Coléoptères. Paris 1789–1808: 77

Süddeutsche Zeitung Photo: 226 (SZ Photo)

Register

Anna Amalia von Braunschweig-Wolfenbüttel 18, 93, 143, 219
Augusti, Johann Christian Wilhelm 201, 203

Bach, Carl Philipp Emanuel 125
Berger, Johann Erich von 85
Bernhardi, Sophie 189
Bertuch, Friedrich Justin 161
Böhme, Jakob 112, 200
Böhmer, Auguste (»Gustel«) 26–28, 58, 133, 141 f., 151, 155–157, 160–163, 167, 190, 199, 223
Böhmer, Georg Wilhelm 25
Böhmer, Johann Franz Wilhelm 26
Böhmer, Therese 26
Böhmer, Wilhelm 26
Boisserée, Melchior 225
Boisserée, Sulpiz 225
Böttiger, Karl August 25, 49, 187 f., 191 f.
Brentano, Clemens 103 f., 106, 110, 191, 204, 223
Brown, John 149 f.
Bucholz, Wilhelm Heinrich Sebastian 93
Burckhardt, Jacob 224

Carl August von Sachsen-Weimar (-Eisenach) 16, 22, 29, 31–33, 39, 41, 48, 79, 87 f., 91 f., 105, 110, 124 f., 127, 138, 164, 166, 187, 191 f.
Charpentier, Johann Friedrich Wilhelm von 198
Charpentier, Julie von 198 f., 210
Constant, Benjamin 185, 190
Custine, Adam-Philippe de 25, 28

Dalberg, Wolfgang Heribert von 125
Döderlein, Johann Christoph 35
Döderlein, Rosine Eleonore 35

Engelhardt, Philippine 27
Engels, Friedrich 224
Erthal, Friedrich Karl Joseph von 29
Ervoil d'Oyrè, Pierre François Ignace 28

Fichte, Immanuel Hermann 21, 80, 85, 142
Fichte, Johann Gottlieb 16, 18, 20–23, 32 f., 38, 43–45, 50, 52, 56–58, 60, 63, 71, 75 f., 78–89, 108, 142 f., 148, 150, 158, 163, 166 f., 170, 174 f., 180, 182, 184, 194
Fichte, Johanna 21, 80, 85, 88 f., 142

Fleck, Ferdinand 164
Forkel-Liebeskind, Meta 27
Forster, Georg 24, 27–29, 33, 216
Forster, Therese 27 f.
Franz II. (I.) 211
Friedrich August III. 87
Friedrich I. 122
Friedrich Wilhelm II. 34, 79, 192
Friedrich Wilhelm III. 79, 122, 167
Friedrich Wilhelm IV. 227
Frischlin, Philipp Nicodemus 169
Frommann, Carl Friedrich Ernst 131, 214–216
Frommann, Johanna 215

Geist, Johann Jacob Ludwig (»Diener Carl«) 95, 114
Goethe, August von 119
Goethe, Johann Wolfgang von 16, 21, 26, 28, 31–33, 41–43, 47 f., 50–52, 54, 56, 68 f., 87 f., 90–94 f., 97–102, 104, 108–110, 112, 114–116, 118 f., 124–127, 137–140, 142, 150, 159, 161, 163–167, 175, 177 f., 183, 185, 187 f., 192, 197–199, 219, 223
Götze, Paul 95
Gries, Johann Diederich 58, 103 f., 141, 157 f., 183

Hamann, Johann Georg 177
Hamilton, Alexander 225
Hardenberg, Bernhard von 199
Hardenberg, Friedrich von *siehe:* Novalis
Hardenberg, Heinrich Ulrich Erasmus von 205
Hardenberg, Karl von 116, 132 f., 199, 209
Hegel, Georg Wilhelm Friedrich 41, 164, 169 f., 172, 174–176, 179–183, 193–197, 211–216, 218, 224
Heidegger, Martin 224
Heine, Heinrich 222
Heraklit 38, 180
Herder, Johann Gottfried 49, 169, 177 f., 191 f.
Herz, Henriette 63
Heyne, Christian Gottlob 27
Hölderlin, Friedrich 41, 169 f., 174–176, 179 f.
Hufeland, Christoph Wilhelm 150, 166 f.
Hufeland, Gottlieb Heinrich 32, 141, 161
Hufeland, Wilhelmine 141
Humboldt, Alexander von 94
Humboldt, Wilhelm von 99

Iffland, August Wilhelm 164

Jacobi, Friedrich Heinrich 177–179, 223
Jungfer Wenzel 96–98

Kalb, Charlotte von 125, 174
Kalckreuth, Friedrich Adolf von 29
Kant, Immanuel 16, 18–23, 32, 38, 74 f., 81–83, 87, 94, 104, 136, 162, 169 f., 172, 175–177, 179, 185, 200
Karl Wilhelm Ferdinand von Braunschweig-Wolfenbüttel 219
Kepler, Johannes 169, 182, 197

Kierkegaard, Søren 224
Kirsten, Johann Friedrich Ernst 201
Klippstein, Johann Dietrich 183
Körner, Friedrich 106
Kotzebue, August von 50, 63, 104 f., 113, 143, 165
Kühn, Sophie von 134, 198 f.

Lenz, Johann Georg 94
Lessing, Gotthold Ephraim 177 f.
Lichtenberg, Georg Christoph 121
Loder, Justus Christian 91
Louis Ferdinand von Preußen 213
Luise von Mecklenburg-Strelitz 79, 90, 122, 184

Marcus, Adalbert Friedrich 149 – 151, 156
Max Joseph von Bayern 223
Mendelssohn, Fromet 73
Mendelssohn, Moses 19, 73, 140, 177 f.
Mereau, Sophie 110, 191
Mereau, Friedrich Ernst Carl 191
Merkel, Garlieb Helwig 63, 105, 113
Michaelis, Gottfried Philipp 33
Michaelis, Johann David 26, 192
Montgolfier, Jacques Étienne 93
Montgolfier, Joseph Michel 93
Moritz, Karl Philipp 178
Muilman, Henric 106 f.
Muilman, Willem Ferdinand Mogge 106

Napoleon Bonaparte 15, 46, 135, 184 f., 193, 211 f., 215, 226

Necker, Jacques 189 f.
Newton, Isaac 182
Nicolai, Friedrich 63, 118
Niethammer, Friedrich Immanuel 35, 85, 125, 127, 161, 182, 218
Novalis 13 f., 23, 44, 56 f., 60, 63, 71, 81 f., 112, 114, 116, 132 – 137, 140, 142, 174, 193, 198 – 200, 204 – 206, 208 f., 221, 226

Oetinger, Friedrich Christoph 169
Oppenheimer, Samuel 73

Paulus, Heinrich Eberhard Gottlob 85, 103, 182, 201
Pius VI. (Papst) 15
Platon 152 f., 155, 169, 182, 202

Rechenberg, Caroline von 133
Rechenberg, Friedrich von 134
Reinhold, Carl Leonhard 32, 129
Ritter, Johann Wilhelm 103, 132
Röschlaub, Andreas 149 f., 156, 167
Rousseau, Jean-Jacque 172, 185

Sachs, Hans 137
Schelling, Dorothea Caroline Albertine 13 – 15, 23 – 28, 33 – 35, 44, 50 – 52, 54 f., 58, 63, 68, 71 f., 74 f., 89, 103 f., 106, 110, 113, 115, 131 – 133, 141 f., 149 – 151, 155 – 157, 160 f., 165, 167 f., 181, 189 – 192, 201, 213 f., 216, 222 f.
Schelling, Friedrich Joseph 190, 192
Schelling, Friedrich Wilhelm Joseph 13 – 15, 23, 25, 36 – 38, 41 – 46, 49 – 52, 54, 56 – 58, 63,

81 f., 88 f., 103, 113, 125–127, 132, 135–137, 140–142, 147–151, 153–165, 167–170, 174–176, 179–183, 190, 192–197, 202 f., 222–224
Schelling, Gottlieb 156
Schiller, Caroline 124
Schiller, Charlotte von (»Lolo«) 22, 98, 100, 124
Schiller, Friedrich 21–23, 34, 37, 42–44, 48–51, 54, 56, 69, 72, 79, 84, 90 f., 95–97, 99–102, 104, 106–110, 116, 124–130, 138, 142, 148, 159, 164 f., 167, 174 f., 182 f., 204–206
Schlegel, August Wilhelm (»Wilhelm«) 13–15, 23, 34 f., 44, 50, 54–56, 58, 60, 63, 67 f., 72, 74 f., 81 f., 89, 104–111, 114–116, 131–133, 138, 143, 150–152, 157, 160, 163, 167 f., 188–191, 193 f., 201, 205 f., 208, 213 f., 216, 222
Schlegel, Dorothea 13, 15, 35, 63, 67–69, 71–75, 78 f., 89, 110, 113, 115 f., 118, 131–133, 140, 142 f., 149, 163, 178, 193, 201, 204, 213, 216 f., 224–226
Schlegel, Friedrich (»Fritz«) 13, 23, 35, 44, 50, 54–56, 61–63, 67–72, 75 f., 78–82, 88 f., 105–108, 110–112, 115 f., 131 f., 135, 140, 142 f., 147–155, 158, 163, 181–183, 192–194, 197 f., 201–206, 208 f., 213, 216 f., 221, 224–226
Schleiermacher, Friedrich 63, 69, 78 f., 88, 112, 126, 135 f.
Schlözer, Dorothea 27

Schmid, Carl Christian Erhard 205
Schöppner, Johann Georg 155
Schütz, Christian Gottfried 161
Sinclair, Isaac von 174
Smidt, Johann 85
Sokrates 200, 202
Spinoza, Baruch de 177–179
Staël, Germaine de 184 f., 187–190, 222
Stäudlin, Gotthold 174
Steffens, Henrik 45, 103, 162, 165
Streicher, Andreas 125
Sutor, Christoph 95

Thouret, Nikolaus Friedrich von 47 f., 50, 90
Tieck, Amalie 113, 226
Tieck, Dorothea 113, 226
Tieck, Ludwig 13, 15, 68, 88, 103, 105, 112–116, 118 f., 131 f., 136, 140, 143, 189, 193, 221, 223, 226 f.

Veit, Philipp 67, 73, 225
Veit, Simon 73, 78, 178, 224
Vico, Giambattista 129
Vohs, Johann Heinrich 51
Vulpius, Christiane 93

Wackenroder, Wilhelm Heinrich 112 f.
Wedekind, Georg von 29
Werner, Abraham Gottlob 57, 198, 208
Wieland, Christoph Martin 32, 86, 161
Winckelmann, Johann Joachim 56